现代旅游翻译理论研究与公示语翻译策略

黄义娟　刘冲亚　著

北京
冶金工业出版社
2020

内 容 提 要

全书共分六章，内容包括：现代旅游翻译综述；现代旅游翻译的理论要点分析；现代旅游翻译的特殊性及其从业者的综合素质；现代旅游文本翻译的多角度探索；现代公示语翻译的理论基础及其发展现状；现代公示语翻译策略与实践。本书内容取材新颖，反映了现代旅游翻译英语的重要性，具有学术性、知识性和实用性。

本书可供旅游、翻译等从业人员阅读，也可供本科和职业院校有关专业师生参考。

图书在版编目（CIP）数据

现代旅游翻译理论研究与公示语翻译策略 / 黄义娟，刘冲亚著 .— 北京：冶金工业出版社，2019.7（2020.1 重印）
ISBN 978-7-5024-8160-5

Ⅰ.①现… Ⅱ.①黄… ②刘… Ⅲ.①旅游—英语—翻译—研究 Ⅳ.① F59

中国版本图书馆 CIP 数据核字（2019）第 109625 号

出 版 人　陈玉千
地　　址　北京市东城区嵩祝院北巷 39 号　邮编　100009　电话　(010)64027926
网　　址　www.cnmip.com.cn　电子信箱　yjcbs@cnmip.com.cn
责任编辑　俞跃春　美术编辑　郑小利　版式设计　郑小利　孙跃红
责任校对　卿文春　责任印制　李玉山
ISBN 978-7-5024-8160-5
冶金工业出版社出版发行；各地新华书店经销；北京中恒海德彩色印刷有限公司印刷
2019 年 7 月第 1 版，2020 年 1 月第 2 次印刷
169mm × 239mm；9 印张；175 千字；137 页
66.00 元

冶金工业出版社　投稿电话　(010) 64027932　投稿信箱　tougao@cnmip.com.cn
冶金工业出版社营销中心　电话　(010) 64044283　传真　(010) 64027893
冶金工业出版社天猫旗舰店　yjgycbs.tmall.com

前 言

随着对外文化交流的增加，我国的翻译事业出现了前所未有的繁荣景象，旅游业在全球范围内的迅猛发展对世界经济文化产生了巨大的影响，应用型翻译人才的需求日益增长。旅游作为第三产业的支柱，已成为现代生活中不可缺少的一种元素，体现着现代文明和生活质量，并肩负着文化交流之重任，其中涉外旅游也成为旅游产业的重要角色。随着全球化进程的加速、人类交往的增进，翻译行业越来越凸显出其时代的重要性。公示语翻译是一种形态，它既具有翻译的普遍性，又有其特殊性。随着经济全球化的推进，各国间的文化交流日益频繁，所以公示语翻译人才的培养，也是适应全球经济一体化的形式。

本书以“现代旅游翻译理论研究与公示语翻译策略”为重点，从不同的方面和角度，对现代旅游翻译理论研究与公示语翻译策略进行了全面系统的探讨和阐述。全书共六章，其中第一章对现代旅游翻译进行了详细的解读；第二章和第三章对现代旅游翻译的理论要点与现代旅游翻译的特殊性及其从业者的综合素质进行了分析；第四章从多个角度对现代旅游文本翻译进行了阐述；第五章对现代公示语翻译的理论基础及其发展现状进行了探讨；第六章对现代公示语翻译策略与实践进行了深层次的诠释。

本书注重对国内外相关行业最新研究成果的吸收借鉴和不同翻译理论之间知识的相互渗透、相互融合，力图层次清晰、语言流畅、文字精练。

本书的撰写得到了许多专家学者的指导和帮助，同时也参考了许多同仁的研究成果，在此表示诚挚的谢意！

由于本人水平所限，书中不妥之处，敬请读者批评指正。

作 者

2018 年 10 月

目 录

第一章

现代旅游翻译综述

随着旅游事业的蓬勃发展，旅游翻译方兴未艾，本章诠释了翻译与旅游翻译的界定，从理论上透视了旅游翻译的目的与必要性，探析了旅游翻译的地位及角色。

第一节　翻译与旅游翻译的界定

一、旅游英语翻译的界定

（一）一般意义上的“翻译”

翻译的定义为，在通顺以及准确的前提下，将以某一语言描述的信息变为用另一语言进行描述的做法。翻译可以把某一表达方式从较陌生的变为较熟悉的。它的内容包括文字、语言、视频翻译、图形以及符号。

其中，在甲语和乙语中，“翻”是指的这两种语言的转换，即先把一句甲语转换为一句乙语，然后再把一句乙语转换为甲语；“译”是指这两种语言转换的过程，把甲语转换成乙语，在译成当地语言的文字中，进而明白乙语的含义。二者构成了一般意义上的翻译，让更多人了解其他语言的含义。

（二）旅游英语翻译

旅游英语翻译是进行旅游方面的翻译，译者必须精通两种语言。就旅游英语与汉语之间的翻译而言，重点在于旅游英语的界定。

因为只有明白了旅游英语的定义和特征，才能更好地将英语译成汉语，反过来也可以将中文旅游材料更好地译成英文。尤其是在倡导中国文化“走出去”的今天，了解旅游英语的归属以及总体特征，可以更好地将中国这个具有5000多年文明国度的旅游历史、文化、地形地貌、风土人情、物产美食等更好地介绍给国外友人，吸引更多的外国游客前来中国旅游观光，使得这些游客更好地了解中国的文化，这对树立中国的国家形象、促进中国文化的对外传播乃至提高中国的“软实力”均具有非常重要的意义。

不难看出，“旅游英语”属于专门用途英语（english for specific purposes，即

ESP)，即用于旅游行业、为旅游提供服务的专业英语，能够满足旅游推介者的宣传目的和潜在游览者获取信息的目的。

1. 专门用途英语的界定和发展

在具体界定旅游英语之前，首先回顾一下专门用途英语的界定和发展。所谓专门用途英语 (ESP) 就是指与某种职业、某种学科、某种目的相关的英语教学，与学习者的兴趣和学习目的密切相关。专门用途英语同样要注重学习者的英语技能，包括听、说、读、写、译等，但涉及不同的应用领域和目的，如学术、科技、商务、法律、医护、出版等诸多领域。

20 世纪 60 年代，出现了针对不同领域英语变体的研究，专门用途英语应运而生。在 20 世纪初期，大多数研究集中在科技英语 (English for science and technology，简称 EST)，因此 ESP 和 EST 曾经被视为同义词 (Hutchinson & Waters，2002：7)；之后，随着英语更为广泛的应用，随着各国在经济、商业等领域的交流进一步拓展，专门用途英语教学迅速发展起来，其领域也更加宽泛。按照 Hutchinson 和 Waters 的观点，到目前为止，专门用途英语 (ESP) 经历了和正在经历着五个发展阶段，即语域分析 (register analysis)、修辞或语篇分析 (rhetorical or discourse analysis)、目标情景分析 (target situation analysis)、技能和策略 (skills and strategies) 和以学习为中心的方法 (a learning—based approach)(Hutchinson & Waters，2002：9-14)。当然，这里的划分显然以教学的内容为标准。约翰斯按照时间将 ESP 研究划分为三个阶段，即 1962~1980 年 (从文本问题到修辞手段)、1981~1990 年 (范围扩大 / 介绍核心概念)、1990~2011 年 (新的国际刊物、文体和数据库研究成为中心课题)(Paltridge & Starfield，2013：7-18)。

在国外 ESP 教学和研究开展得如火如荼的同时，我国的 ESP 教学也成为高校英语教学的重要内容。在中国经济飞速发展并且国际地位不断提高的时代，社会需要的英语型人才日益增多，而且对英语毕业生在某一特定领域应用语言能力的需求也日趋多样化，这就促使大学英语教学不再仅局限于基础语言技能的培养，而是在基础技能培养的基础上加大了各种专业知识的渗透，也就是说，ESP 教学已经成为大学英语教育不可忽视的一个方面，法律英语、商务英语、旅游英语等 ESP 课程成为很多大学英语课程表上不可或缺的一部分。

2. 旅游英语的界定

综上所述，可以将旅游英语界定为与旅游行业有关的英语，是为着旅游的目的而使用的英语。由于旅游涉及诸多方面，如景点介绍、当地习俗与文化、地方物产、餐饮与住宿、交通等诸多方面，所以旅游英语即是要用于对景点的风俗、文化、地理位置、美食、历史沿革、具体特产、景色等进行描写的英语；同时不仅包括平铺直叙的文字，还涉及宣传甚至广告，这些内容中不乏行业术语、文化意象、修辞手法、礼貌语气和宣传语气等。也就是说，旅游英语不仅有其自己的语言特征，更有其独特的修辞特征、文化特征和语气特征等。

二、旅游翻译的界定

"旅游翻译"从表面上看似乎让人感到外延很窄，实际上，如果对旅游行业进行一下认真的调查和研究，就会发现"旅游翻译"涉及很多种不同主题和类型的文本，旅游翻译的材料范围很广，包括景点介绍与宣传、公示语、导游图和交通图，等等。这些文本材料中有很多语言现象、修辞或文化现象，信息量很大。每种文本之间既具有一定的语言共性，又存在着一定的差异。所以，在探讨旅游英语翻译之前，应当首先对旅游文本和旅游翻译进行界定。

德国语言学家布勒 (K.Bühler) 将语言功能分为三类：信息功能 (the informative function)、表达功能 (the expressive function)、呼唤功能 (the vocative function)(Newmark，2001：39)。

在德国语言学家布勒 (K.Bühler) 的语言功能分类的基础上，英国翻译学者纽马克 (R. Newmark) 认为文本类型可分为三类：信息文本包括科技、商业、工业、经济方面的课文、报告、论文、备忘录、纪要等；表达类文本一般包括严肃的想象文学、权威发布、自传、个人通信；呼唤类文本包括通知、操作说明、宣传、流行小说等 (Newmark，2001：40)。德国学者赖斯 (Reiss) 也根据布勒的语言功能划分出三种文本类型：信息 (informative) 文本、表情 (expressive) 文本和感染 (operative) 文本。赖斯认为，"不同的文本类型应采取不同的译法" (Munday，2001：75)。譬如，信息文本的译文应将原文所有的指示和概念都传达出来；表情文本的译文应将原文的美学和艺术的因素再现出来；感染文本的译文则应在译语读者中产生预期的反应 (Munday, 2001: 75)。比较纽马克和赖斯对文本的分类可见，纽马克的"表达类"与赖斯的"表情类"相似，纽马克的"呼唤类"与赖斯的"感染类"相似，二人对"信息类"的定义大同小异。

旅游文本首先是一种应用文体，但是旅游文本又不同于官方文件、商贸合同、科技文章或法律文本这样的应用文体，而是介绍和宣传旅游景点和旅游目的地及其美食与活动、提供旅游指南、介绍游览行程和交通工具、签订旅游合同、建议游客做什么和不做什么等的书面形式。由于旅游业是一项综合的服务产业，涉及旅游观光本身、交通、住宿、餐饮、购物及教育、文化、休闲、探险等诸多方面，所以含有大量信息文本，具有非常强的信息特性，而且"呼唤"功能（即"唤起读者的行动"或"唤起读者前往旅游目的地进行旅游的行动"）极强。正是因为旅游文本既充满信息，又显示出呼唤的语气，这种诱导性功能的实现，必须以提供足够的信息为前提。"……所以，信息性是旅游资料的前提，而诱导性则是其最终目的。"既然以介绍和宣传旅游产品及服务为目的，其中的文字就应具有一定介绍性，应提供众多的旅游信息；另外由于在介绍信息的同时还对景点或其他旅游产品进行一定的宣传，因此又应具有描述性和一定的文学性和艺术性，反映了一定的广告效应的特点，其信息性和文学性及艺术性最终是为介绍、宣传、广告服务的，所以可以说，旅游文本属于应用文体，具有信息功能，更具有呼唤功能。

本书中所谓的"旅游英语翻译"是指有关旅游业和旅游活动的上述旅游文本之间的"英汉互译"，既要传达出旅游文本的信息，又要传达出原文的"呼唤语气"，属于应用翻译，具有"实用性、目的性、匿名性、专业性"等特点(伍峰等，2008：10-11)。陈刚(2004：11)指出："旅游翻译应是为旅游活动、旅游专业和行业所进行的翻译(实践)，属于专业翻译；从事这项翻译的工作者可宽泛地称为旅游(专业)翻译(者)。这类翻译包括笔译和导游翻译(含口译)。"同时，陈刚(2004：59)还指出，同其他类型的翻译相比，旅游翻译"在跨文化、跨心理交际特点上表现得更为直接、更为突出、更为典型、更为全面"。这实际上体现了旅游文本的特点以及旅游翻译的目的。

旅游翻译根据媒介分可划分为笔译和口译，本节对口译不做过多讲解，重点放在探讨旅游文本的笔头翻译上。根据原文本的处理方式，旅游翻译可分为全译、摘译、编译；按内容分，可以分为美食翻译、景点介绍翻译、文化典故翻译、旅游公司宣传资料的翻译、公示语翻译等。

无论是何种内容的翻译，无论是采用何种方法进行翻译，译者都要注意旅游文本本身的文体特点，包括用词、语法、句式结构、修辞、语气等，还要注意两种语言背后的文化在旅游材料中的体现以及翻译中的处理手法，针对不同的情况，采取不同的翻译方法。

旅游翻译主要有两个功能：一是传递信息；二是诱导行动(方梦之，2006)。旅游文本的主要目的就是要让普通游客能读懂、看懂并喜闻乐见，在获取相关的自然、地理、文化、风俗方面的知识的同时产生希望到此一游的想法。所以英语旅游文本的风格通常都比较简约，文本的结构较为严谨，但结构并不复杂，遣词造句都十分简单直接，表达方式通俗易懂，传达的信息讲求准确性，语言的使用上讲求实用性。旅游翻译文本的最终目的就是传递信息，需要注意的就是要保持这些信息的传递效果。为实现此目的和功能，旅游文本的翻译多以"归化"为导向，以目的语读者为中心。在旅游文本的翻译实践中，译者大多注重文本功能的传递和读者的理解，要通过适宜的策略来对文本进行翻译，译文要尽力做到有理、有情、有趣，而且要针对语言文化上存在的差异在翻译文本中有所体现，不能简单盲目地进行归化，让旅游信息准确而有效地传递给异国的游客。

第二节　旅游翻译的目的与必要性

一、旅游翻译的目的：旅游业的市场需求

在发展世界经济以及加深全球化的过程中，跨国旅游已变为使人民精神生活丰富化的主要方式。中国经济正不断发展并且人们生活水平逐渐提升，出现了更多想要出国欣赏风景的中国人。从旅游收入和游客接待量来看，2017 年全年国内游客达 50.01 亿人次，比上年增长 12.8%，国内旅游收入 4.57 万亿元，增长 15.9%；入境游客 13948 万人次，增长 0.8%。国际旅游收入 1234 亿美元，增长 2.9%；国内居民出境 13051 万人次，增长 7.0%。全年实现旅游总收入 5.40 万亿元，增长 15.1%。与此同时，更多国外的人也渴望到中国来感受一下对这古老国度的人文景观、名山大川等的探索过程，享受其文化的悠久性、丰富性，见识中国经济飞速发展的结果。旅游能让人们了解到其他地区、其他国家的文化风情、地理风貌、宗教习俗、历史沿革等，开阔人们的知识面，拓宽人们的视野。而且，旅游也属于各个地区、各个国家促进当地发展经济的主要方式。

综上所述，由于中国经济的快速发展，中国人民日渐富裕起来，中国内地出境游人次迅速上升，很多国家和地区都希望到中国宣传他们的旅游产品从而吸引更多的中国人前去旅游，而中国也愿意吸引更多的外国人到中国游览，促进中国经济的发展。由 World Tourism Organization（世界旅游组织）预估，在将来的十几年内，中国会成为整个世界最大的旅游目的地国 (tourist destinations) 之一。至 2020 年，中国会超越别国变成世界第一大旅游目的地国家。那时，到中国游览、参观、访问的人将有 11.37 亿人。由此可以看出，在不久的将来，中国旅游市场将继续发展并将更加繁荣。

二、旅游翻译的必要性

对世界上大多数国家来说，之所以说旅游业这项产业是巨大的，是由于它不只在旅游景点的门票上获利，更加值得关注的是它促进了餐饮、交通、文化体育、手工艺、酒店等有关产业的飞速发展。所有的发展与交流是分不开的，世界上这么多的书面交流与口头交流与翻译也都是分不开的。旅游文本的英汉互译在中外旅游业的推广和经济发展以及丰富人们的精神生活方面都发挥着日益重要的作用。将中英文的旅游材料进行翻译，不仅有利于旅游景点的宣传和旅游的推广，对个人来说也是非常重要的，优秀的译文不仅对常去旅游的人们查找、浏览信息、了解景点状况有帮助，还可以使没有条件或不愿旅游的人不必前往旅游目的地通过翻译过来的文字即可了解该地的自然景观和人文景观。更重要的是，随着互联网的发展，很多打算出门旅游的人在出门之前一般都会做些有关目的地的“功课”，

查找目的地的旅游景点介绍、住宿、交通、习俗等信息。对于跨国旅游来说，这些信息的翻译非常重要。

旅游英语翻译称得上是目前应用文体翻译中无比重要的部分，对推动中外旅游经济的发展与旅游文化的交流非常重要。所以在掌握一定英语基础知识的前提下，系统地学习一下旅游英语翻译，特别是掌握中英文旅游材料的文体特点、熟悉中英文旅游材料中的文化现象及其翻译策略，是培养译者个人技能、谋求个人发展的一种手段，特别是对有志于从事跨国旅游行业工作的人尤为重要。同时，对旅游英语翻译技巧认真掌握，能让我们更加紧跟时代发展的脚步，能为旅游业提供更优质的服务，为促进中外文化与经济的交流与发展作出努力。

第二章 现代旅游翻译的理论要点分析

经济全球化的发展促使国家之间以及地区之间的物质文化交流越来越频繁，同时也带来了全球旅游业的大发展。旅游业与其他行业相比，有一些特殊的作用及功能，那就是它能够对其他行业起到促进和带动的作用，并且促成不同文化之间的交流、融合与理解。翻译工作在国际旅游业的营销过程中，在旅游信息的服务过程中不可或缺。旅游翻译是一种特殊的翻译，它具有相对的复杂性，翻译的形式也是多种多样的，而大部分翻译人员对旅游专业翻译工作并不是十分熟悉。因此，学术界亟须开展对旅游翻译的研究，现实中也更需要大量的专业旅游翻译人才。

从理论上讲，旅游翻译属于应用翻译，是一种目的性很强的交际活动，应以实现交际功能为目的。然而，由于旅游业的复杂性，各种旅游文本的功能和目的也不尽相同。鉴于此，本章首先对旅游文本加以分类，概括旅游文本的功能，然后提出旅游翻译的标准和具体的操作过程。

第一节　旅游翻译的原则

旅游文本翻译属于应用文体翻译，或称为实用文体翻译。一般说来，应用文体的翻译应该考虑到文本的功能。当然，不同的应用文体有不同的功能，譬如科技文体的功能和合同文体的功能有着很大的差异。但是，不论翻译哪种应用文体，都需要突出翻译的交际功能。陈小慰（1996）指出，随着改革开放的不断深化，经济和社会发生了天翻地覆的变化，我们与世界的交流变得越来越频繁。我国的专业翻译者需要对各种各样的应用文进行翻译，比如旅游类宣传材料、公告、讲话稿、商品广告等。发起翻译的人一定是为了让这些译文在特殊的语境中发挥预期的作用，达到预期的目的。

陈小慰在谈到翻译要重视目的时提到，英译的旅游宣传材料所针对的受众是外国人，目的是把中国丰富的旅游资源以及方兴未艾的旅游业介绍给这些外国友人，激发他们来中国旅游的兴趣，令我国旅游业的发展进一步加快。有业内人士认为，翻译旅游文本时要保持与旅游文本一样的特点和目的性，那就是要把景点的相关信息介绍给游客，打动游客前往景点进行游览。所以旅游翻译要保持清晰、准确、通俗的特色，要具有很强的吸引力，不同国度、不同文化素质的人读来都能容易理解，都能愿意接受，这才算得上是好的译文。总体说来，相对其他应用文体，顾维勇（2005：83）认为，翻译旅游文本，“译者要考虑到译语的可读性及读者的接受效果，所以，译者的自由度相对较大”。但是，这种自由度的大小取决于具体的文体特点。翻译旅游文本的总体原则如下。

一、遵循旅游文本的功能和目的

在进行旅游文本的翻译时，应当准确体现这种特殊文本的功能，努力实现它的目的性，把原文中的主要信息忠实地传达出来。古今中外的翻译家都非常重视翻译的功能。譬如，我国佛典翻译时期的译者在翻译佛经时就特别重视译文是否传达了原文的旨意，同时是否能被读者所理解。也就是说要充分发挥出佛典翻译的核心功能，就是要准确地传达教义，而且实现对佛教的宣传，翻译应该实现在译文中的功用。实际上就是要发挥翻译在语言变化和社会改良中的功能。

在西方，从古罗马时期开始，翻译家们就特别重视翻译的功能，系统提出翻译功能理论的是德国的功能派，其中的代表人物是赖斯（Reiss）、弗米尔（Vermeer）和曼塔利（Mantari）。尤其是弗米尔认为要以文本的目的（skopos）为翻译过程的第一准则（李文革，2004：139），而且将翻译看作是某种既定情况下一种有意图、有目的的行为（intentional，purposeful behaviour that takes place in a given situation）（Nord，2001：11）。

综上所述，功能理论强调的是，在翻译的过程中不应该把原文的文本以及原文的功能当作参照物，而应当把译文在译入语语境中的功能作为参照物。这就要求译文先要在译入语的环境中体现出自身的意义，发挥应有的作用。与此同时，译文还应当保持同源语之间的联系，在一定程度上与原文保持一致性。翻译旅游相关的文本时，要首先考虑如何实现它在译入语语境中的作用，达到译文预期的目的，因为旅游翻译文本本来的目的就是吸引读者前往所介绍的景点进行旅游。

二、遵循旅游文本的文本类型

翻译旅游文本时应当保持这类文本类型的特点，将广告宣传的语言氛围贯穿于整个译文当中。由于在翻译不同的文本时会使用到不同的翻译策略，所以译者应当明确认识旅游文本的具体类型。

纽马克对这些翻译的文本进行了分类，比如表达型、信息型、呼唤型等。具体来说，表达型的文本主要包括自传、声明、文学、信件等；信息型的文本主要包括商业类报告、经济类报告、科技类报告、论文、纪要、备忘录等；呼唤型的文本包括宣传、推销、小说、指令等。按照以上对文本类型的划分，旅游文本可以被归入信息型或者是呼唤型当中。有学者认为，旅游宣传资料可以被看作是一种通俗易懂的读物，这种读物的目的就是把一些文化、风俗、地理、自然的信息传递给游客。这种读物的功能可以分为两种：一种是传递信息的功能，另一种是呼唤游客的功能。

旅游文本可以为读者传递一些相关的信息，但与其他类型的文本相比，它具有自身的特殊性，即该种文本的“呼唤”性质，也就是说，信息和呼唤功能两者之间呼唤功能占主要地位。将旅游文本归类为“呼唤型”也是很多学者的共识。

三、迎合目的语读者的文化和审美诉求

旅游翻译文本需要满足读者文化娱乐的需求，达成读者在审美方面的特殊诉求，要对文化及美学相关的信息进行特殊处理。针对中国人和西方人思维方式上的不同，王国维先生是这样论述的：“我国人之特点，实际的也，通俗的也，西方人之特质，思辨的也，科学的也，长于抽象而精于分类。”（乐黛云，1988：59）而思维又和语言有着密切的联系。西方语言学家萨丕尔、洪堡等人认为语言规定着人的思想，语言决定人的思维；反过来，语言又是思维的反映。

由此可见，研究中西方思维差异在英汉互译中的重要性。有学者认为，中国人和西方人在思维方式上存在十大差异：中国人讲求伦理性，西方人注重认知性；中国人讲求整体性，西方人注重分析性；中国人讲求意向性，西方人注重对象性；中国人讲求直觉性，西方人注重逻辑性；中国人讲求意象性，西方人注重实证性；中国人讲求模糊性，西方人注重精确性；中国人讲求求同性，西方人注重求异性；中国人讲求后馈性，西方人注重超前性；中国人的思维方式多为归纳型，西方人的思维方式多为演绎型；中国人的思维方式多为内向型，西方人的思维方式多为外向型。可以说，其中的直觉性和逻辑性、意象性和实证性、模糊性和精确性等思维特征在中西语言中表现得淋漓尽致，汉语重视主观体悟、形象生动、意境完美，英文重视客观真实、信息完整等。这一差别在广宣材料中表现得尤为明显，汉语的广宣材料充满了描述渲染的词汇和短语，文章讲究行文上前后呼应、格式工整，声音和韵律平仄对应，抑扬顿挫、虚实相伴，在表达方式上讲求含蓄空灵、节奏对仗、委婉工整（李贵山，2002），有的还“引经据典，不亦乐乎，篇幅也较长；其宣传在措辞上远离了平实和准确的标准……”（许建中，2002：145），而英语广宣文体一般更注重信息的真实和完整（彭萍，2011：123）。

中英思维的这一差异说明在将英语的广宣材料翻译成汉语的时候应该考虑到中国读者的接受性，应该迎合中国读者的思维，所以翻译过程中可能要添加一些迎合中国读者艺术思维的华丽辞藻。反过来，在将汉语译成英文的时候要考虑到英语读者的思维，一些华丽的辞藻、渲染的描绘等没有实质性内容的表达形式应该省译，而只保留其中的一些实质性信息。因此，从中西思维差异来看，英译汉过程中需要“超额翻译”，即对所译材料进行补充加工，汉译英过程需要“欠额

翻译”，即翻译的过程中相对于原文译文有所缩写或节译。

旅游文本是非常重要的广宣文体。旅游文本需要将目标景点的历史沿革、地理风貌、文化风俗和宗教文化介绍给游客，所以其中必然包括非常丰富的文化历史信息。但由于中华民族和西方民族在文化方面、思维方式方面、审美方面都存在着很大差异，所以翻译旅游文本时对这些因素要重点加以考虑。在谈到中文旅游材料的英译时，大多数的英语旅游文本都比较简单实用，语言表达也非常朴实直接；而中文旅游资料则特别注重行文格式，语句排比通常都显得辞藻华丽，行文讲究。旅游英译本与文学作品的翻译不同，它实际上只是一种简单的大众化读物，一些外国的普通游客是它的主要读者。这种译文其实只要做到通俗易懂，能够让游客获得自己需要的地理、自然以及文化方面的知识及信息即可。所以翻译时应当更多地体现出此类文本的实用性，体现出旅游文本的特殊性，要注意不要将外国游客视作是国内的文艺型读者。

孟庆升（2009：80）认为，中文旅游材料中的文化处理要遵循两个原则，即“中国文化为基准，以译文读者为导向”。也就是说在不忘宣传中国文化的同时，也要不拘泥于原文，要围绕向读者传达信息这一目的进行。如果生搬硬套地翻译原文中的文化信息，有时可能反而对读者的阅读兴趣产生负面作用，旅游宣传的目的就很难达到。所以在翻译旅游文本时，应当根据不同的情况采取不同的翻译手法，在对原文的文化信息加以留存的基础上，尽可能满足译文读者的一些审美需要，尽可能顺畅地达到旅游宣传的目的。

四、采取灵活的翻译策略

根据以上三个原则，在进行具体的翻译时要根据不同的情况采取灵活的翻译策略，要坚持旅游文本的特殊功能，要按照不同的文本类型，结合不同文化间的相同点和不同点，或者选择直译的方式，或者选择直译兼注释的方式，或者选择增译兼省译的方式，或者选择意译，或者选择释译，还可以选择“归化”的方式。不能一味地追求“忠实”，也不能一味地只追求“通顺”。

因此，翻译旅游文本时，根据中英文在用词、句式上的差异，可采取直译、意译等策略；根据两种语言在修辞、文化等方面存在的异同，可以采取异化、归化的翻译策略；有时又要根据上述语言与文化的异同，采取释义、增译、省译等多种翻译策略。

第二节　旅游翻译的分类与标准

一、旅游翻译的分类

翻译是人类最复杂的行为（Lefevere，2004）。不同的翻译理论研究者对曾经尝试过的翻译活动做出不同的分类。依据旅游翻译自身的特点，陈刚教授对这个“专业翻译”进行了以下分类：（1）翻译手段分类：导译、口译（视传、交传、同传）、笔译、机器翻译；（2）语言和符号分类：语内翻译、语际翻译、符际翻译；（3）译出语／译出文本和译入语／译入文本分类：本族语—外族语、外族语—本族语；（4）翻译题材分类：专业翻译、一般性翻译、文学翻译；（5）翻译方式分类：全译、部分翻译（节译、摘译、阐译、改译、编译、参译、译述、综述译、译写等）；（6）旅游翻译者分类：机构翻译、旅行社职业翻译、自由翻译者；（7）工作区域（或业务范围）分类：地方导译、全程导译。

旅游信息服务系统的细化原则是以旅游者为核心。因为构成旅游这个消费群体的人是各种各样的，因此他们的需求也是各不相同的，所以实际的旅游翻译者所接触到的形式基本上与旅游有关的信息的体裁和题材都有或多或少的联系。由这些便可得知，在实际的旅游翻译过程中所采用的翻译策略和翻译方法也是多种多样的。动、静两种状态的旅游信息这两大系统的分支之间、所有传递信息的载体之间、所有提供信息的机构之间都是相互协调、相互补充的，从而构成了旅游信息服务的宏观网络体系和微观网络体系。这样一来，不管旅游者的文化背景如何、消费水平和消费观念如何，即使他们的信息和文化方面的需求在不断地增长，也依然能够得到满足。只要旅游业在经营运转，那么就存在与之相关的企业、政府、各个行业、各种国际组织。在它们之间，只要有交流，就必须有翻译人员作为信息传递的载体。对于旅游，其外延和内涵都在慢慢地扩大，这就预示着旅游翻译的实践领域也会更加地宽广。

二、旅游翻译的标准

现代人用“忠实、通顺”这四个字来概括翻译的标准，言简意赅。忠实指的是译文要忠于原文。译者在翻译的过程中要将原文的意思及内容准确、完整无误地表达出来，万万不可擅作主张对原文的意思和内容进行增减和改变，要无条件地尊重原文作者在撰写原文时所要表达的观点、立场以及个人的情感等。根据翻译者个人的喜好去曲解原文作者的本义是绝对不容许的，译者要将原文的丰姿传承下来。而通顺则是指译文的语言要与相关的规定、规范相一致，要通俗易懂又不失本义。翻译者在语言的运用上应该尽量使用常见的现代词语，尽可能地使译文通俗、易懂、生动、形象、通顺。

综上所述，“忠实”和“通顺”这两个标准是翻译理论界的共识。

但是，旅游翻译又有其特殊性，如诱导性、信息性、匿名性，所以翻译者在翻译的过程中不得不多做考虑。他们要考虑使用什么样的翻译方法翻译出来的文章更容易被读者理解和接受，怎样尽可能地实现译文预期的功能和目的。一般来说，不管是原文的内容还是原文的形式，都是要服从于译文的需要和文体的功能。

由此可见，“忠实”和“通顺”就是旅游翻译的标准。只不过这里所讲的“忠实”是忠诚于原文的“文体功能”和预期的目的，而不是上面所提到的忠于原文的风格和内容；而“通顺”则是指译者在采用语言时要选用一些读者容易理解的，同时也符合目的语规范的体裁。从这个层面上来说，旅游翻译中原文和译文的对等是指信息内容和文体功能方面的，而不是语言形式方面的。如：

例 2-1 Ladies and Gentlemen，on your right you will see the exact spot where William the Conqueror first set foot in Britain.

译文：游客朋友们，在你们的右手边就是征服者威廉最初踏上英国国土的地方。

原文是导游介绍景点时说的导游词。对游客的称呼用了英语公共场合演讲时惯用的 Ladies and Gentlemen，但译文没有用“女士们，先生们”这样的称呼，而是译为“游客朋友们”，这样翻译更符合中文导游词的规范和中国游客的习惯，听上去更亲切。另外，考虑到游客的文化水平，在翻译 William the Conqueror 这一历史文化信息时，也可以加以补充说明。

例 2-2 The swaying palm trees. the golden beaches. the crystal white crests of the gently lapping waves-our island paradise can be yours.

原译：摇曳的棕榈树、金色的沙滩、轻轻拍打着海岸的波浪、水晶般银色的浪头——我们天堂般的海岛就是你的。

这是一则旅游宣传广告，英文语言朴实，风格相当简洁，几乎是在罗列景物。译文基本上照字直译，非常忠实于原文的内容，但读起来总让人觉得好像缺少了原文的韵味，发挥不了原文的劝诱功能。

改译：棕榈树在风中摇曳，波浪轻轻地亲吻着金色的沙滩，荡起如银般的涟漪——我们天堂般的海岛在向您召唤。

改译将静态的景物描写动态化了，给人一种身临其境的感觉。最后一句的改译有一种邀请的意味，发挥了广告劝诱的功能。

例 2-3 The last one is delicious，bring me another one!

译文：鳄鱼伤人，禁止入水。（方梦之，2002：109）

例 2-3 是国外某观赏景点标记牌上写的标示语。原文是以鳄鱼的口吻在说话，带有西方的文化韵味和幽默感。如果将这个标示语直译为“上一个味道很美。给我再来一个”，中文读者可能不知所云。译文根据情景及汉语提示性标示语的规范再现了原文。

第三节　旅游翻译的准备与过程——旅游翻译的理解

译者在重构原文信息和传递原文功能的过程中，应进一步加深对原文的理解。

在核校阶段，要保证译文可以被读者理解和接受，保证译文与原文内容及要表达的信息一致。

不仅要对译文语言进一步推敲，而且还要把握其功能传递是否到位，是否符合目的语的体裁规范。较为负责任的译者至少要对译文核校两遍，甚至多遍。

在译文完成后，译者要认真对照原文，慎重地核对人名、地名、数字，检查词语选择是否准确，有无错译漏译。过一段时间，再用"冷却"后的新眼光抛开原文，不受原文形式的羁绊，重新认真阅读译文，以从读者的角度考虑译文的接受性。因此，核校是理解与表达进一步深化的过程，实际上是对原文的再理解与对译文的再表达。首先，译文要理解原文的内容及信息，然后以翻译后的语言将其表达出来，这才是翻译的完整过程。

一、理解原作的文体风格

翻译的第一步是理解原作的风格，需要做的是先通读原文，确定其属于哪一种英语旅游文本；然后分析原作的措辞和句式，断定其语体风格。口语体和非正式语体大多句子简短，多口语化的语言；而书面体和正式语体句子较长且复杂，多书面用语。如果原文中用了很多经典文学著作的引文，就说明这个原文的风格是引经据典，利用原有的经典著作来丰富自己的作品。分析、熟悉原文的风格，才能在目的语中选用恰当的风格进行表达，保证译文的地道和规范。

二、理解原文的文化背景与专业术语

旅游活动不单是人的交互，旅游者去到另一个城市或国家进行旅游活动，带去的还有本城市或本国的文化、人文等，到达旅游目的地会与当地的文化、人文去交流。这个过程中既有融合，也有碰撞。也正因为旅游活动的这个特点，因此在翻译旅游类文章时，要先对该地的文化背景做了解。只有彻底理解本地的文化背景、历史背景等，才能理解原文里的历史部分信息。如果做不到这一点，翻译出来的文章会出现大的偏差。

例 2-4 This is a double room. It is cozy，comfortable and tastefully decorated.

原译：这是个双人间。它温馨、舒适，装修雅致。

改译：这是一个惬意、舒服的，并且配备了一张双人床的装修精美的房间。

在英语中，关于"双人房"有两种表达法："twin room"和"double room"。国际上所说的标准双人房，英文是"twin room"，其内涵是两张单人床客房，又称"twin-bedded room"。"double room"通常指只有一张双人床的房间。翻译人员如果不理解这一点，把"twin room"和"double room"都翻译为"双人间"，这样的翻译会在实际场景中带来很大的麻烦，例如把两位男性旅客安排到"double room"。

一般来说，术语的翻译应该依据原文专业体系所表达的概念范畴和概念关系来进行，贯彻概念与术语一一对应的单义原则，以消除不必要的术语混乱。对于专有名词的翻译，如果已经有约定俗成的说法，则按照固定的说法翻译：如果没有既有的说法，则要与客户进行沟通。主要名称的翻译必须征得客户的同意。如：

例 2-5 Going East，staying Westin.

原译：游览东方，下榻西宾。

改译：游览东方，下榻威斯汀。

这是一则宾馆的广告。广告极具创意，创作者用宾馆名称"Westin"取代"West"，形成对照。原译考虑到了作者的创意，因此也用"东"和"西"对应，形成汉语中的对仗句。仅从文字上看，原译是个很好的译文，但是这样的翻译却没有起到广告宣传的任何作用，因为这家宾馆在汉语中有对应的名称——"威斯汀"。又如：

例 2-6 Bright red costumes，with hats，shoes and stockings to match，are to be all the craze in the Spring. Smart women will have to be careful not to yawn in the streets in case some short-sighted person is on his way to post a letter.

原译：鲜红的服装，配上帽子、鞋子和袜子，在春天是一时流行的时尚，聪明的女士们要小心，不要在街上打哈欠，以免碰上要去寄信的近视眼们。

改译：在春天一度流行穿鲜红色的衣服，再搭配上帽子、鞋和袜子，穿着这类时尚服装的女士们在街上打哈欠的时候很容易因为衣服的颜色被近视眼当作邮筒。

原文实际上是个幽默。要理解该语篇的幽默需要用到言外的文化背景知识，即英国的邮筒是红色的。这一点对英国读者来说不言自明，但不了解该背景知识的译文读者可能会构成文化缺省（cultural default）。因此原译可能会让不了解英国文化的读者感到莫名其妙。改译通过增词和加注的方法，说明了原文中所利用的文化背景，有助于读者理解原文的幽默之处。

要想正确理解旅游文本中的文化信息及专业知识，大量地查阅资料是非常必要的。在拿到翻译任务，动笔翻译之前，先要到图书馆借阅相关的中文书籍进行阅读；在动笔翻译的时候，遇到不懂的地方，要善于利用互联网搜索相关知识点，查阅资料，向他人询问，并通过多种渠道确保翻译的准确性。

三、理解词义与选择词语

在翻译的过程中首先要理解词义，这是翻译的基础。理解原文的词义既可以理解原文的整体表达，又有利于翻译时选择合适表述的词语。准确、恰当地选择词语是译文水平的决定因素。理解词义是对原文语言表达意思的理解，据此选择合适的词语翻译成目标语，使译文与原文表达一致，这是翻译成功的必要程序。

现代旅游翻译的特殊性及其从业者的综合素质

第二章

我国的历史悠久且复杂，并且语言结构复杂，这些都导致我国的旅游翻译工作进展艰难。要想西方游客通过旅游翻译了解我国旅游资源，对翻译者的要求很高，需要翻译者拥有强大的知识储备。

第一节　旅游翻译的综合素养

要搞好旅游英语翻译，就要求旅游翻译者首先熟悉中国的文化背景及西方国家的文化特点，在翻译时基于两国文化的差异，结合中文及英文各自的语言特点进行；同时还要在篇幅上进行调整，在特殊的、难理解的地方增加注释、删减不必要的内容，人为地调整整篇文章的结构，这都是做旅游英语翻译的必需程序。

一、旅游翻译的现状分析

从我国旅游收入和游客接待量来看，2017 年全年国内游客达到 50.01 亿人次，比上年增长 12.8%，国内旅游收入 4.57 万亿元，增长 15.9%。随着全面建成小康社会持续推进，旅游已经成为人民群众日常生活的重要组成部分，我国旅游业进入大众旅游时代，但是我国旅游翻译的进程并不能完全匹配旅游业的发展。目前在翻译旅游英语时，很多译者无法理解并区分东西方文化的差异，并且受原文的写作方式的束缚，没有考虑游客的感受，导致翻译出的英文词语比较僵化，不够灵活。这也是我们在国内的景点经常看到一些让人啼笑皆非的英文介绍的原因。为了改变这样的旅游翻译现状，需要提高译者的知识储备与对中西方文化差异的理解。

二、旅游英语翻译的侧重点

（一）英汉语言差异及词汇的差异

英汉语言差异及词汇的差异是影响旅游英语翻译的重要因素。每种语言的形成都与其使用国家的文化结构、思维观念等有着密不可分的联系。中文与英文因这种差异导致分属不同的语系，在语言结构上、在词汇设置上都有很大的差异。

英语的句子与汉语的句子在长度、主谓宾的结构上、各类词汇排列上均有很明显的差异。

（二）英语、汉语在旅游用语中的文体差异

文化的差异是两种语言差异的最直接影响者。与中文的旅游表述多描写意境，用感情烘托美景的方式不同的是，英语的旅游表述多是直接的写实，像素描一样按照景物直接描述。

1. 东西方认知思维与审美的不同

东西方的认知思维与审美是不同的。中国旅游描述是感性思维模式，讲求以情景去烘托景色，在描述美景的时候通常加入笔者自己的感情。而西方完全不同，西方是完全理性的，平铺直叙，看到什么就描述什么。这就要求译者在旅游翻译的时候结合东西方的认知思维与审美的不同改变文字结构。

2. 中西方文化上的差异

经济制度的差异、地理环境的差异、各自民族文化历史背景的差异都会导致各自文化的差异。中西方也是因为这些原因导致各自的文化有着很大的差异，最常见的是东方文化偏向感性，而西方文化偏向理性。所以在对同一事物的描述上，东西方会有完全不一样的表达方式。在旅游翻译时要注意这些不同，针对各自的文化特点、表达特点进行翻译，这样才能做到灵活，让读者很好地获取自己想要的信息。

三、旅游英语翻译的特殊处理法

（一）解释法

对于中西方有差异的部分，尤其是西方文化较中方文化所欠缺的部分，译者可以额外增加对词汇的解释部分。

（二）增加背景法

我国历史悠久，历史背景知识丰富。在翻译的过程中，译者可以在文章中适当增加相关的历史背景，方便国外游客了解。

（三）删减处理法

中西方在行文上有很大的差异，西方较习惯平铺直叙的表达方式，不习惯在介绍型文章中添加个人感情。这就要求译者在翻译时结合这个差异，将原有的文章删减掉情感表达的部分，这样更容易让西方游客接受。

（四）句式整合处理法

中文句式一般较短，英文句式一般较长，如果单单地按照每句中文句子直译成英文的话，很多西方游客会误解，甚至完全看不懂表达的意思。为了避免产生这种情况，要求译者以一段整体的文字为对象一次性翻译，翻译过程中不用在意中文的句式结构，而直接按照英文的句式结构去表达。

第二节　从业者的跨文化意识

一、跨文化意识缺失在旅游翻译中存在的问题

由于中西两种文化的差异，要求译者在翻译过程中要有跨文化的意识，要理解文化的差异带来的阅读习惯的差异、思维模式的差异等。在翻译过程中，如果译者缺少跨文化意识，会使翻译出来的文章完全按照原文的语言特点及文化特点，这样会引起西方游客的误解，甚至引起国际冲突。

二、译者跨文化意识在旅游翻译中的作用

译者的跨文化意识在旅游翻译中尤为重要，主要体现在以下几个方面。

（一）准确阐释文化

有良好的跨文化意识的译者会在旅游翻译的时候，有意识地调整受文化意识差异影响的部分，例如文章结构、词汇选择、语义表述等。调整之后的译文就可以兼顾到原有文章所要传达的信息与翻译的目标语言的句式结构及文章结构了。只有这样才能准确地阐释文化，并且让外国游客看得懂并且接受。

（二）充分考虑需求

译者要充分考虑到阅读者的需求，按照阅读者的需求来决定译文的内容、词汇选择、文章结构，对于阅读者可能会空缺的知识部分做出增加或标注。做到让阅读者看得懂是对译者的基本要求，做到让阅读者看得舒服则是对译者更高的要求。其中看得舒服就是要满足阅读者的需求。

（三）灵活运用翻译策略和方法

结合译者的跨文化意识灵活运用翻译策略和方法，这是旅游翻译的基本要求。

第四章 现代旅游文本翻译的多角度探索

旅游业的兴起推动着旅游翻译的迅速发展。旅游资料的翻译在本质上是一种跨文化交际活动，其翻译质量会直接影响对外宣传的效果和旅游业的发展。旅游翻译资料是一种特殊的文本，有其本身的特点和翻译方法。本章从旅游翻译的特点和策略入手，分别从用词、句式及专有名字三个角度重点论述旅游文本翻译。

第一节　旅游文本翻译的特点及其策略

一、旅游文本翻译的特点

（一）趣味性

人们在旅途中获得身体与精神的双重愉悦，旅游给人们的生活添加了丰富的色彩。同样地，旅游翻译者也可在翻译时体会到一定的趣味性，译者内心的满足感与征服感在面对高难度的学术性旅游翻译成功进行后逐渐膨胀，实现了人类对这种高级欲望的追求与渴望。

（二）理论性

翻译的理论性体现了学术研究的需求以及翻译实践的诉求。它在翻译学中有着重要的指导作用，具体体现在：（1）在科学的翻译理论指导下，使得翻译实践高效有序地进行，减少了实践的盲目性和无目的性；（2）翻译理论指导译者确立正确的翻译观；（3）翻译理论又在科学理论指导的实践过程中得以发展完善。在实践过程中形成的翻译理论转变了传统的翻译理念，能激发译者的理性思考；同时，译者又借助翻译理论提升了自身的翻译水平。奈达的翻译准则、德国功能派理论等著名翻译理论在旅游翻译学界被广泛应用。

（三）实践性

翻译理论必须结合相应的翻译实践才能发挥有效的作用。译者想要更好、更快地提升自身的翻译水平，就必须通过一些必要的旅游工作实践来充实自身的翻译理论，同时实践旅游翻译都有其特定的翻译标准和规范，译者在进行旅游翻译时必须遵守这些翻译原则。缺乏正确恰当的翻译价值取向作引导，实践旅游的翻译工作将很难完成。

（四）特殊性

旅游翻译具有其自身的独特性，主要体现在：（1）旅游翻译文本源于对具体旅游实践的总结与概述，因此其随机性和灵活性较强，丰富多彩的应用形式以及多样化的描述手法使得翻译文本内容丰富多变。（2）基于涉外旅游服务人群的多元化及其不同民族、不同文化的背景，使得旅游服务必须针对性地提供相应的服务，以满足不同国度、不同民族习惯的需求，全方位细致化地为不同群体提供服务。（3）英汉文化的巨大差异性使译者在翻译时必须充分考虑这两者在语言表达以及文化方面的差异性，给译者带来了一定程度的障碍。

二、旅游文本翻译策略分析

翻译策略指的是可以包括不同翻译技巧的翻译方案，在中外翻译史上，翻译策略一直是成对出现的，归纳起来，不外乎直译（字面译，literal translation）和意译（自由译，free translation）、语义翻译（semantic translation）与交际翻译（communicative translation）、异化翻译（foreignizing）和归化翻译（domesticating）。

其中，直译和意译之争在中西方均始于翻译开始之时。关于直译与意译的好坏，没有一个固定的答案，关键是译者是否读懂了原文，理解了原文的意思，理清了原文的逻辑关系，同时对目的语的表达习惯和方式了然于心，用最符合目的语表达习惯、又最贴近原文风格的语言表达出来。所以，直译和意译并不是一对完全对立的概念，而是辩证的对立统一。

针对不同的读者和翻译目的，有时要直译，有时要意译，不管是直译还是意译，只要原文的意思没有歪曲，同时又满足了目的语读者的期待和译者本人或翻译发起人的目的，而且译文读起来通顺，这就不失为好的翻译。语义翻译和交际翻译是英国纽马克提出的两种翻译模式。

所谓“语义翻译”，就是重视原文的形式和原作者的意图，而非目的语的语境和表达方式。语义翻译一般适用于文学、科技文献和其他视原文语言与内容一样重要的原文类型。交际翻译则重视的是信息传递要符合目的语的语言表达习惯，而非生搬硬套一词一句地翻译原文语篇，给译者提供了充足的自主发挥空间，可根据目的语的语用方式适当地增加或删减原文内容，具有较大的灵活性。当然，纽马克提出的这两种翻译策略更多的是针对文本类型而言。而且，纽马克区分了语义翻译和忠实翻译，他认为语义翻译与忠实翻译的最大区别就是语义翻译要注重美学价值（比如原语文本中美妙的自然的声音），而交际翻译就是用目的语读者所能真正接受和理解的内容和语言传达原文最确切的语境意义（Newmark，2001：46-47）。

有关“异化”和“归化”两个问题的争论在西方翻译史上已有很长的历史，尤其是在德国。早在1813年，德国哲学家和神学家施莱尔马赫（Schleiermacher）在其《论翻译的不同方法》（Überdie Verschiedenen Methoden des Übersezens）的演讲中就提出译者将完全不相关的两个民族联系在一起、将原作者和目的语读者联系在一起的途径有两个选择：一个是译者尽可能少地打扰原作者，带领读者靠近原作者；另一个是尽可能少地打扰读者，带领原作者靠近读者（Robinson，2006：229）。歌德也提出过类似的翻译方法问题，他从德语读者的视角提出翻译有三种方法：一种是译者使用读者的语言让读者熟悉外国的文化（…familiarizes us with the foreign country on our own terms）；一种是译者自己进入外国文化的情境，但实际上只是剔出其中的意思，然后用自己的语言解释这一意思（…one seeks to project oneself into the circumstances of the foreign meaning and then replaces it with one's own…）；第三种则是使译文完全复制原文，与原文一模一样（…one seeks to make the translation identical with the original，so that the one would no longer be in the stead but in the place of the other）（Robinson，2006：222-223）。韦努蒂的《重新认识翻译——话语、主体性和意识形态》（Rethinking Translation-Discourse，Subjectivity，Ideology）和《译者的隐身——一部翻译史》（The Translator's Invisibility-A History of Translation）中均提到“异化”和“归化”问题，他认为应该在两种文化的背景下去认识翻译，把“异化”和“归化”两种策略放在文化语境中去讨论。韦努蒂认为“归化”和“异化”虽然是两种不同的翻译策略，但是还需站在特定的文化环境、特定的价值体系以及对他国文学的接受程度的角度来更深刻地认识这两种策略。因此，“归化”和“异化”在某种程度上讲是相对的。“译者的作用”首先是能发挥社会作用，即采用符合其职业范围内的一种合适的方式，完成一种功能。在韦努蒂看来，在当今英语处于霸权地位的时期，翻译策略上存在不平等的现象。以英语为目的语的翻译趋于“归化”，保持英语文化的主导地位，而以英语为原语的翻译却趋于异化，保持了英语文化的主导地位。这实际上就说明了英语文化的霸权地位和英语价值体系的霸权地位。由此可见，“异化”和“归化”策略是针对更宏观的文化不平等而言的。

综上所述，如果说直译和意译更多的是针对词和句法结构而言，语义翻译和交际翻译更多的是针对文本而言，在旅游英语翻译中必须要考虑目的语读者对文本的接受，因此可以说，从文本类型看，交际翻译更适合旅游文本的翻译。

异化和归化更多的是针对文化而言。而且，上述翻译策略都有互相交叉的地方。比如语言中的文化意象的异化翻译实际上也是一种直译，但有时候直译后还需要添加注释才能说清楚。如上文所述，意译更多的是解释翻译，所以不妨具体化为“释义”。在翻译的过程中，可能还会出现省译和增译的情况，因此这里将翻译的策略分为直译、直译加注释、增译、省译、释义和归化几种。这些策略的使用应根据具体情况而定，有时使用直译，有时使用增译，有时却要省译，遇到文化特色浓厚的地方还要视具体情况采取释义、归化或添加注释等方法。

（一）直译

直译顾名思义就是如实地按照原文的信息进行翻译，强调信息的绝对对等性。这一翻译策略一般被用于旅游文本全是实质性信息、相关的文化内容相对较少的情况，译者只需注意中英语言结构方面的问题，其他无须多虑。这样不仅可以减轻译者的工作负担，同时也能给读者提供充足的信息。

例 4-1 On the southern slope of Goms，at the entrance to the Binn Valley，lays the mountain village of Ernen. A neat little village，with the parish church visible from afar，in fact awarded a prize for its particularly well-preserved village image. Here，since more than 25 years，annual concerts and master classes with renowned names in classical music have taken place in the “Music Village” Emen.

小山村厄嫩位于戈姆斯南坡上，位于比恩山谷的入口处，在很远的地方就能看到小村的教区教堂。实际上，这座整洁的小山村因为保存特别完好的村庄形象而获得过大奖。这里的年度音乐会和大师班已举办超过 25 届，众多古典音乐界的著名人物都曾出现在“音乐村”厄嫩。

例 4-2 Despite a history of tourism dating back more than 100 years in the region，a genuine Alpine lifestyle still prevails in the destination of Gstaad. For instance，there are approx. 200 agricultural businesses，the number of inhabitants and cows is almost equal with about 7000 each. Houses with a chalet architectural style dominate the villages in the region. Forests，meadows，streams and lakes-surrounded by a magnificent mountain panorama-create an impressive backdrop.

尽管格施塔德作为旅游目的地的历史已经超过 100 年，但地道的阿尔卑斯生活方式依然在这里占据着主要地位。例如，这里约有 200 家农业企业和 7000 名居民，饲养着 7000 头奶牛。该地区的村庄依然以木屋式建筑风格为主，群山环绕的森林、草原、溪流和湖泊组成了一幅完美的背景画卷，令人叹为观止。

例 4-3 莲花峰是黄山三大主峰中的最高峰，海拔 1864 米。从莲花岭到莲花峰顶的 1500 米路上，沿途有飞龙松、倒挂松等名松及黄山杜鹃。

Lotus Peak is the highest peak among the three major peaks of Mount Huangshan，with an elevation of 1864 meters. Along the 1500 meter route from Lotus Ridge to Lotus Peak，there are famous pine trees such as the Flying Dragon pine and the overhead hooking pine，as well as azaleas.

例 4-4 紫禁城分成两部分，前部分有三大殿。皇帝在这里处理朝政，主持重要仪式。紫禁城内所有建筑物的屋顶都是黄瓦，黄色只有皇帝才能使用。

The Forbidden City is divided into two sections. The front part has three large halls, where the emperor dealt with the state affairs and conducted important ceremonies. All buildings in the Forbidden City have roofs of yellow tiles, for yellow was the colour for the emperor.

以上的 4 个例子，不论是例 4-1、例 4-2 的英文原文还是例 4-3、例 4-4 的中文原文均包含了实质性的信息。例 4-1 主要介绍了厄嫩的信息，非常清楚明白；例 4-2 是对格施塔德的介绍；例 4-3 是对黄山上的莲花峰进行介绍；例 4-4 对紫禁城的结构及建筑特色进行了简要介绍，因此，在翻译中均做“直译”处理，这样目的语读者就可以直观地了解这些旅游目的地的信息。

（二）直译加注释

注释主要是针对一些音译过来的人名、地名以及事件的解释，一般在人名、地名、事件的后面添加括号进行内容注释，以便于读者对文章人物、地方、事件有一个更加清晰的认识，使读者对文本形成一个整体的把控，调动读者对文章的阅读兴趣，以充实其自身的知识结构。注释不仅有利于读者对文章的阅读与理解，同时也是一种增词手段。

一般来说，英语旅游材料译成汉语时添加注释的情况不是很多，因为大部分英语旅游材料中除名人以外，很少涉及其他难懂的信息，所以一般不需要添加注释。直译加注释更多地适用于汉译英。

例 4-5 霍元甲故居建于清同治初年，1997 年进行了重新修葺。故居内陈列了与霍元甲相关的文物及其生前用过的遗物。西屋霍元甲书房墙上高挂着孙中山为精武体育会馆的题词：“尚武精神”。

The former residence of Huo Yuanjia, built during the early years of the Tongzhi Period of the Qing Dynasty, was renovated in 1997. It displays cultural relics and daily belongingsrelated to Huo Yuanjia. On the wall in the west study of Huo Yuanjia hangs the inscription “*shangwu jingshen*” (which means martial spirit) written by Sun Yat-Sen for the Chin Woo Athletic Association.

例 4-6 当时在城西南的锡山开采出了锡矿，锡矿发现后，人们就把这个地方称为“有锡”。天长日久，锡矿挖完了，“有锡”便改成了“无锡”。

Then on the Xishan Hill to the southwest of the city, a tin mine was discovered. After that, the city was named “Youxi” (which means “having tin”). As time went by, the tin mine wasexhausted, and the city was renamed “Wuxi” (which means “having no tin”).

例 4-7 路左有一巨石，石上有苏东坡手书“云外流春”四个大字。

To the left is another rock engraved with four big Chinese characters “*Yun Wai Liu Chun*” (Beyond clouds flows spring) written by Su Dongpo (1037—1101), the most versatile poet of the North Song Dynasty (960—1127).

例 4-8 文人墨客常以古代美女西施来比喻西湖的娇美，因此它又有“西子湖”的美称。

Many men of letters like to compare the West Lake in Hangzhou, whose Chinese name is Xi Hu, to the famous beauty Xi Shi of the State of Yue of the Spring and Autumn Period, calling it “Xi Zi Hu” , where “Zi” , in Chinese, is used to refer to a female person.

以上几个例子中，原句涉及很多文化名人，也许这正是读者不清楚不了解的地方。因此，对其加以适当的注释就可以使读者清楚所介绍的地方充满了怎样的文化底蕴和文化气息。后 3 个例子例 4-6、例 4-7 和例 4-8 涉及地名、人名的汉字意义，如果只是直译，英语读者即使读懂了所要表达的意思，但是对于其根本意义以及文化内涵却不甚了解，因此对于这些汉字予以一定的解释就相当重要了，这不仅可以激发读者对旅游景点文化渊源的了解兴趣，同时在一定程度上也传播了中国文化。而例 4-5 中的“尚武精神“和例 4-7 中的“云外流春”四个字如果只用音译，对外国读者来说简直就是一头雾水，因为其认知程度还不足以达到这样的水平，而采用意译也一样不妥，可能会让外国读者产生不必要的误解。因此对于这种情况，音译结合注释是最佳的翻译策略，不仅可以准确地传递原文意义，同时也便于外国读者的阅读与理解。如前文所述，一般来说，汉译英的时候采用直译加注释

用这一翻译策略的地方比较多，因为中文旅游材料中涉及中国历史、人名、地名、朝代、诗词和典故的时候会比英文多。

（三）增译

译者在原文的基础上适当地增添词语或句子就是所说的增译手法，译者通过使用增译策略来丰富译文的内容信息，有助于读者更加清晰地了解原文所要传达的内容，强化宣传效果。增译从其功能的角度来看可分为信息增译与修辞增译。一般来说，信息增译适用于汉译英，因为汉语旅游材料中许多名胜古迹均与一定的历史事件、典故和人物等联系在一起。除所述的对名称的解释外，有时还添加一定的信息，如例 4-7 中关于苏东坡所在朝代、年代以及苏东坡历史地位的字眼都是原文所没有的，可以增加一些背景资料有利于英语读者的了解。修辞增译一般适用于英译汉，由于英文背后的思维结构和审美心理不同于汉语，英文更注重

信息和写实，汉语更注重艺术和渲染，所以一些英文旅游文本的翻译往往会在原文的基础上增加修饰词语，来渲染文本内容，满足中国读者的审美需求。

例 4-9 琼岛东北部有“琼岛春荫”碑，为 1751 年所建，附近风光秀丽，过去是燕京八景之一。

In the northeast of Qiongdao Island, there is a stone tablet, erected in 1751, with “QiongDao Chun Yin” (Spring Shade on the Qiongdao Island) engraved on it. It is said the inscription was written by Emperor Qianlong with his reign from 1736 to 1796). This area, noted for its beautiful scenery, was counted as one of the eight outstanding views of Beijing.

例 4-10 （桃花源）始建于晋，初兴于唐，鼎盛于宋，大毁于元，时兴时衰于明清，萧条于民国，渐复于新中国成立后，大规模修复开始于 1990 年。

Taohuayuan (the peach flower source) was first built in the Jin Dynasty (256—420), began to take shape in the Tang Dynasty (618—907), flourished in the Song Dynasty (960—1279), and went to ruin in the Yuan Dynasty (1279—1368). With ups and downs through the Ming and Qing dynasties (1368—1911), it was almost abandoned in Minguo Period (1912—1949) but restored from the year 1949, On. A large-scale renovation began in 1990.

例 4-9 针对“琼岛春荫”这一名称给予了相应的解释，同时增加了“It is said the inscription was written by Emperor Qianlong (with his reign from 1736 to 1796)”这一附加信息，用以介绍景点的历史渊源。例 4-10 的英译文除对“桃花源”这一专有名词进行适当的解释，此外针对不同的朝代添加了相应的起止时间，有利于英文读者了解所介绍景点的历史以及这些朝代的公元纪年起止时间。这两个汉译英的例子就是“信息增译”。个别情况下，英语材料在翻译成中文时也会利用“增译”策略使所表达的信息更为明确，当然这样的情况比较少，请看一个例子。

例 4-11 If you opt for the northerly shore route from the entry area, you'll find many caves and indentations as you explore the underwater terrain. The lava wall is literally filled with hiding places for Kona's famous ula (Spiny Lobster) and (although they are being over harvested) you just may glimpse one or two peeking out at YOU!

如果沿第二条线路潜游，即从入口潜向北岸，观察水下地形时将看到许多大的空隙及缺口（海岸线凹入处）。熔岩床是科纳带刺龙虾的藏身之地（尽管已被大量地捕捞），你还会发现有那么一两只正瞪大眼睛看着你！

从以上例子可以看出，译者对一些方位信息以及特殊情况进行了信息增译处理，帮助读者理解特殊信息，以便更好地游览。当然，更多的时候英译汉需要“修辞增译”，请看下面几个例子。

例 4-12 A hiking path passing a great many bathing spots, and shortly before

Morges the way leads to a more than l kilometer long beach where thousands gather in summer to take are freshing swim. Marching into Morges you are flanked by beautiful flowerbeds and manicured gardens-and as the tour slowly comes to an end a stroll through the heart of the old town concludes a delightful excursion and healthy breath of flesh air in the nicest of ways.

一条远足小径经过众多游泳区，快到莫尔日时会经过长度超过 1 公里的沙滩，夏季有成千上万人在此舒爽畅游。进入莫尔日，您将被美丽的花圃和修剪整齐的花园包围——游览逐渐接近尾声，可以在老城中心悠然漫步，为这次充满欢乐的游览画上完美的句号。这一游览项目还使游客以最佳方式呼吸了健康的新鲜空气。

例 4-13 On the road leading from central Europe to Adriatic coast lies a small Slovenian town of Postojna. Its subterranean world holds some of Europe's most magnificent underground galleries. Time loses all meanings in the formation of these underground wonders. The drip stone-stalactites, columns, pillars and translucent curtains, conjure up unforgettable images…

从中欧通往亚得里亚海岸的路上有一座斯洛文尼亚小城，叫作波斯托伊纳。这座小城的地下藏着欧洲一些最为神奇的美术馆，这些地下奇迹蔚为壮观，历史悠久，置身其中，可以欣赏到钟乳石、石柱、透明的石帘，可谓形象千姿百态，令人流连忘返。

例 4-14 The Glacier Express cuts a cross, section through stunning Switzerland-pure train-travel pleasure. You are our honoured guest, so prepare to be pampered in the Glacier Express. Savour meals specially prepared by our chef served in our stylish dining car. Or relax in your comfortable seat and enjoy coffee, snacks and drinks served from Our mini-bar. The Glacier Express is superb in all four seasons: shimmering peaks in summer, snow-covered, fairy-talescenery in winter, fabulous Alpine flowers in spring and a kaleidoscope of colour in autumn.

冰川快车通过令人叹为观止的瑞士纯火车旅行横跨瑞士。作为我们的贵宾，您可以在这段无与伦比的旅途中尽情享受，您可以在优雅别致的餐车里品尝到厨师精心准备的丰富美食，同时放松心情，坐在舒适的座位上慢慢享用一杯香浓可口的咖啡或者品尝各种特色小吃。冰川快车为你展现出精湛的四季特色，给你带来永生难忘的旅行体验：春天，阿尔卑斯山百花齐放，争奇斗艳；夏季，闪闪发光的珠峰，熠光彩彩；秋天，万花筒的颜色，缤纷绚丽，带给你一场视觉盛宴；冬季，大雪覆盖下的世界宛如一场童话般的梦境。

例 4-15 In addition to the comfortable Post Cars all other means of transport, belonging to the reliable Swiss transport system, can be used.

其他所有的交通工具都属于安全可靠的瑞士交通系统，人们可以随意乘坐，方便快捷。

对照以上例 4-12 ~ 例 4-15 的原文和译文，我们不难发现，译文下划线部分或多或少地属于增译的成分，有些完全是添加上去的，有的则是在原文词语基础上的进一步发挥，但我们不得不承认，这些添加或发挥的部分迎合了中文读者的审美诉求和思维习惯。试想，如果没有这些部分，汉译文在具有艺术思维的中文读者中间就不会引起太多的共鸣，那么就起不到旅游文本的宣传语气，尤其是其中的四字成语，比如“无与伦比”、“熠光彩彩”、“缤纷绚丽”、“叹为观止”、“方便快捷”等。

另外，细心的读者还会发现，例 4-13 的译文中添加了动词“置身其中，可以欣赏到”，而例 4-14 中“让您尽享火车旅行的乐趣”和“冰川快车都带给您无与伦比的旅行体验”中的“尽享”和“带给”这两个动词也是译文中添加的。英语习惯静态地描述，而汉语中则偏向动态化地展示。因此基于这两种区别，译者需通过引用动词来体现汉语的动态特征，满足中国读者的审美需求（彭萍，2009：110）。关于这个现象，请再看几个例子。

例 4-16 The Grand Tour leads from shimmering blue lakes to classic pre-Alpine landscapes that are like something out of a fairytale, with charming traditions, culinary specialities and enchanting surprises.

环游之路从波光粼粼的蔚蓝色湖泊延伸至经典的阿尔卑斯山麓景区，一切都好像来自仙境，除了美景，还能感受迷人的传统，品尝特色美食，发现令人难忘的惊喜。

例 4-17 A cart brake serves to make transport easy and convenient.

行李车所配的制动装置使行李运送变得更加轻松便捷。

例 4-18 Austria is wedged between seven other countries. Liechtenstein, Switzerland, and the Federal Republic of Germany are to the west. Czechoslovakia is to the north. Hungary is to the east. To the south are Italy and Yugoslavia.

奥地利与七国相邻：西濒列支敦士登、瑞士、德意志联邦共和国，北邻捷克斯洛伐克，东连匈牙利，南接意大利和南斯拉夫。

对照译文和原文可以看出，例 4-16 增加了动词“感受”“品尝”和“发现”，例 4-17 增加了动词“变得”，例 4-18 分别添加了 4 个不同的动词“濒”、“邻”、“连”、“接”，显得生动形象，又避免了重复。

（四）省译

省译，顾名思义就是在进行翻译的时候对于部分内容进行适当的省略，所以也叫作删减翻译。在翻译旅游相关内容的时候，“省译”一般适用于汉译英。如前文所说，中国的关于旅游的文本内容常常采用一些夸张的描写方式写景，并对景物的形象进行赞美和抒情。这种介绍方式其实更加符合汉语中的美学思想，是中国读者所愿意接受的，并且符合其审美诉求。但是对于英语读者来说，因为他们的思维方式往往是比较直接的，所以更加喜欢那些实质性的描述。所以如果直译，效果会适得其反，因此有些夸张和渲染的词句不如删减不译，这实际上与前文的“修辞增译”相反，是一种“修辞省译”。

在旅游文本的汉译英过程中对上述情况采取“省译”的策略是必要的。请看下面的例子。

例 4-19 满树金花、芳香四溢的金桂；花白如雪、香气扑鼻的银桂；红里透黄、花多味浓的紫砂桂；花色似银的四季桂；竞相开放，争艳比美。进入桂林公园，阵阵桂香扑鼻而来。

The Park of Sweet Osmanthus is noted for its profusion of osmanthus trees. Flowers indifferent colours from these trees pervade the whole garden with their fragrance.

例 4-20 亚龙湾最突出、最引人入胜的是她的海水和沙滩。这里湛蓝的海水清澈如镜，能见度超过 10 米，海底珊瑚保存完好，生活着众多形态各异、色彩缤纷的热带鱼种，是国家级珊瑚礁重点保护区，因此也成了难得的潜水胜地。亚龙湾柔软细腻的沙滩洁白如银，延伸约 8 公里，长度约是美国夏威夷的 3 倍。

The most striking view of the bay is the sea and the beach. The sea water is clear with visibility as far down as 10 meters. Under the surface are all kinds of coral and colorful tropical fish，making it an ideal destination for divers. The beach covered with silver-white sand extends 8 km. three times the length of the beach in Hawaii。

例 4-21 徽派建筑是中国古建筑最重要的流派之一。徽派建筑构思精巧、自然得体、造型丰富，讲究韵律美，以马头墙、小青瓦最有特色；在建筑雕刻艺术的综合运用上，融石雕、木雕、砖雕为一体，显得富丽堂皇，极具文化气息。

Huizhou Style Architecture is one of the most important styles in ancient Chinese architecture. It is exquisitely designed in various shapes，characterized by Matou Walls and Chinese-style tiles.

例 4-22 江岸上彩楼林立，彩灯高悬，旌旗飘摇，呈现出一派喜气洋洋的节日场面。千姿百态的各式彩龙在江面游弋，舒展着优美的身姿，有的摇头摆尾，风采奕奕；有的喷火吐水，威风八面。

High-rise buildings，ornamented with coloured lanterns and bright banners，stand along the river banks. On the river itself，decorated loong-shaped boats await their challenge，displaying their individual charms. Some wag their heads and tails and others spray fire and water.

通过上面的例子可以发现，中文的旅游文本为了能够吸引读者的兴趣，因此会做出迎合他们的审美和思维的文本介绍，往往是在尽力夸大和渲染描述景物。但是如果将这样的中文介绍进行直译，却是大大不符合英语读者的审美和思维的，他们更加喜欢真实、简洁、逻辑性强的旅游文本，因此这种文本很难起到好的宣传效果。所以在进行英文翻译的时候，需要将那些并没有实际意义渲染的词句删除，只将那些客观真实的信息进行翻译。这样翻译出来的旅游文本既可以满足英语读者的审美，又可以达到一个好的宣传效果，可谓一举两得。除这种省译外，有时一些引用的复杂诗句也会省译。

例 4-23 素有“京东第一山”美称的盘山，历史上曾被列为中国十五大名胜之一。清乾隆帝曾二十八次游览此山，赞叹“早知有盘山，何必下江南”。景区自然风光秀丽，人文古迹众多。

Renowned as “the first mountain to the east of Beijing”, Mount Pan has beautiful scenery and numerous historical relics, listed as one of China’s 15 major historic attractions. Emperor Qianlong of the Qing Dynas visited it 28 times and praised it as a marvel.

例 4-23 中的“早知有盘山，何必下江南”这样的语句如果直接翻译出来，英语读者很难理解，无助于达到宣传的目的，所以就应该直接删去，这样就能够让文章流畅自然，功能对等。

（五）释义

所谓释义，翻译成英文为 paraphrase，用到翻译中就是翻译人通过理解原文的意思用自己的话进行原文解释，而不进行逐字逐句的翻译。在旅游文本翻译中，这种策略可用于原文引用了比较难懂的诗句或典故但直译加注释又显得没有必要的时候。此种策略一般也适用于汉译英。

例 4-24 风和日丽时举目远望，佘山、金山、崇明岛隐隐可见，真有“登泰山而小天下”之感。

Standing at this altitude on sunny days, one has the feeling that the world below is suddenly belittled.（或 When one looks out from such an altitude on sunny days, the world before him seems to be suddenly belittled.）

例 4-25 舟的前方驾着一柄长舵，形如关云长的青龙偃月刀。

In front of the boat is a long helm, which is shaped like the knife on the westemers’ dinnertable.

例 4-24 原文中“登泰山而小天下”这句话只译出了其中的意思，没有直译，例 4-25 原文的“关云长的青龙偃月刀”如果直接翻译出来，由于英语读者很可能不明白谁是“关云长”，所谓的“青龙偃月刀”又是什么样的刀，因此难以理解它所代表的文化内涵。而如果一一进行解释又太过烦琐，也未必能够达到好的效果，所以在进行英文翻译的时候，对这样的内容采用解释的方式处理更加恰当。如将“青龙偃月刀”的形态解释为西餐中的餐刀，这就很容易理解，并且让读者感到很亲切，没有陌生感，是一种巧妙的寻找最佳关联点的译法。

（六）归化

在翻译旅游文本的时候，对于一些文本中过于复杂的或者读者难以理解的陌生文化形象，有时会用到“归化”的翻译方式。请看下面的例子。

例 4-26 济公劫富济贫，深受穷苦人民爱戴。

Jigong，Robin Hood in China，robbed the rich and helped the poor.

例 4-27（苏州）境内河流湖泊密布，京杭大运河纵贯南北，是著名的江南水乡。

With so many rivers and lakes in it and the Beijing-Hangzhou Grand Canal through it，Suzhou is renowned as “Venice of China”.

综上所述，旅游文本的翻译策略是灵活的，要根据不同的情况以及旅游文本的翻译目的进行选择。表 4-1 归纳了本节所讲的翻译策略及其适用情况。

表 4-1 旅游文本翻译策略及适用情况

旅游文本的翻译策略	适用情况
直译	原旅游文本包含的均是实质性信息，直译不会引起读者的误解，反而会让读者感到信息很充足
直译加注释	对一些音译的人名、地名或事件名等进行意思上的解释，从而使读者更好地了解其中涉及的人物、地方或事件等
增译	（1）汉译英的时候可以增加一些背景资料有利于英语读者的了解。 （2）英译汉时添加一些渲染的词汇，以迎合中文读者的审美预期和思维方式。 （3）英译汉时增译一定的动词，更符合汉语的特点
省译	一般适用于汉译英。中文的旅游文本更善于写景和抒情，而且往往使用一些夸张渲染的手法让读者产生一种形象美，而英语读者的思维方式决定了他们更愿意看到一些实质性信息，所以汉语中有些夸张和渲染的词句删减不译
释义	一般也适用于汉译英。原文引用了比较难懂的诗句或典故但直译加注释又显得没有必要
归化	原文的一些文化符号太复杂或对译文读者来说非常陌生，直译之后不能为读者所理解，所以只能用目的语中的文化形象取代原语的文化形象

三、译文辨析

例 4-28 The Sydney Opera House，by the reclusive Danish architect Join Utzon，is the mother and father of all modem landmark buildings. It has more in common with the work of the American maverick genius Frank Lloyd Wright，for whom Utzon worked briefly. Its location is of an enormous help，sitting as it does on a promontory with water on three sides and the famous Sydney Harbor Bridge as a picture-postcard back-drop.

译文一：丹麦设计师约恩·乌特松设计的悉尼歌剧院是所有现代标志性建筑的鼻祖，与美国标新立异的天才弗兰克·劳埃德·莱特的作品颇有相似之处，乌特松曾为他工作过一段时间。当然，它还得益于其地理位置，它坐落在三面环水的海角，背景是风景明信片般的著名的悉尼海港大桥。

译文二：悉尼歌剧院由丹麦设计师约恩·乌特松设计，是现代标志性建筑的鼻祖，与美国标新立异的天才弗兰克·劳埃德·莱特（著名的建筑设计师）的建筑颇有相似之处，这是因为乌特松曾为莱特工作过一段时间。悉尼歌剧院的地理位置十分优越，坐落在三面环水的海角，其背后则是风景如画的著名悉尼海港大桥。

辨析：译文一的第一句话显得有些啰唆，实际上“是现代标志性建筑的鼻祖”已经说明是“所有标志性建筑”，因此可以省略“所有”二字，另外，原文虽然给出了 Frank Lloyd Wright 是美国人这一信息，但最好在括号内加一个注释，说明莱特是建筑设计师。“还得益于其地理位置”过于直译，显得有些生硬，所以不如将译文像译文二那样稍作调整，反而更符合中文的表达习惯，另外该部分译文一中的两个“它”字令译文显得拗口，不如译文二那样按照汉语的习惯进行省译。译文一最后一部分“背景是风景明信片般的著名的悉尼海港大桥”和“明信片般的”从语序上看都有些“硬译”的痕迹，不如译文二“其背后则是风景如画的著名悉尼海港大桥”来得通顺，与前文衔接得非常到位。因此，相比较而言，译文二比译文一更为可取。

例 4-29 Nowhere is it more pervasive than in Scotland's dramatic capital city. Stroll through the cobbled streets of the medieval Old Town and remember the monarchs, religious zealots and literary giants who walked this way before you. Visit the castle and uncover 1000 years of Scotland's tumultuous past. Have a pint in Deacon Brodie's Tavern and learn about the devious Edinburgh citizen who inspired Robert Louis Stevenson's tale of *Dr Jekytl and Mr Hyde*.

译文一：没有比极富戏剧色彩的苏格兰首府历史气息更浓的地方。漫步于中世纪风格的旧城那些用鹅卵石铺成的街道，你会想起在你之前的君王、宗教信徒和文坛巨匠。造访那座著名的古堡，你会揭开苏格兰动荡不安的千年历史。到布洛迪会长酒店喝上一品脱酒，你会了解激发了史蒂文森写《化身博士》灵感的那位表里不一的爱丁堡市民。

译文二：历史气息最浓的地方，莫过于戏剧色彩浓厚的苏格兰首府。漫步于具有中世纪风格的旧城那用鹅卵石铺成的街道，就会想起也曾行于此道的历代君王、宗教信徒和文坛巨匠；造访那座著名的古堡，就会揭开苏格兰动荡不安的千年历史；到布洛迪会长酒店喝上一杯，就会了解到那位表里不一的爱丁堡市民，一位激发了史蒂文森《化身博士》灵感的市民。

辨析：译文一总体上说来属于过于“直译”型的译文，比如第一句话的比较级的翻译、第二句话的“君王”这个词和最后一句话中的“品脱”这个词都太过直译了。还有整个译文的语序和出现的过多的“you”的翻译，都使得整个译文过于生硬不流畅。译文二在这几方面进行了调整，比较级译成了最高级，符合中国读者的表达习惯；“君王”变成了“历代君王”，增译了“历代”，实际上正好把原文的复数和语境很好地再现出来；原文的pint只是一种借代手法（metonomy），实际上借代“酒”，所以译文二将之译为中文关于酒的借代“一杯”；另外，译文二将所有的第二人称省译，因为原文使用you这一第二人称代词只是为了拉近读者，实现旅游宣传的目的，同时又为了文法（主谓结构）的需要，而汉语则可使用无主句表示泛指。细心的读者还会发现，译文二使用了“就会……”这样的排比，最后一部分做了拆译处理，使译文更加通顺。当然，还可以在“布洛迪会长”后面加括号对其进行简单的解释。

例 4-30 Lucerne and the Lake Lucerne Region await you with a unique combination of landscape，culture and activities. The Lake Lucerne Region is the perfect place to recover in a healthy and sustainable environment：the UNESCO Biosphere Entlebuch is one of Switzerland's finest and most fascinating regions，offering a unique natural environment and perfect relaxation for mind and body. Lake Lucerne with the largest inland navigation system in Europe and the famous places and hotels on the Lucerne Riviera，the world's steepest cogwheel railway to Mt. Pilatus and the perpetual snow on Mt. Titlis all go to make unforgettable experiences in fascinating natural surroundings.

译文一：卢塞恩和卢塞恩湖区等待你来此感受这里独特的美景、文化与活动。卢塞恩湖区是健康和持续的环境：联合国教科文组织的生物圈Entlebuch是瑞士最好、最迷人的地区之一，提供独特的自然环境和完美的身心放松。卢塞恩湖、欧洲最大的内河航运系统、卢塞恩里维埃拉著名的景点和宾馆、通往皮拉图斯山的世界最陡峭的齿轨铁路以及铁力士山的常年积雪构成你在迷人自然环境中的难忘体验。

译文二：卢塞恩和卢塞恩湖区期待着您来感受这里纯净自然的美景、多姿多彩的文化与丰富多彩的活动。卢塞恩湖区是您在健康和可持续的生态环境中恢复活力的理想之地：联合国教科文组织的生物圈恩特尔布赫（Entlebuch）是瑞士最令人神往、最迷人的地区之一，这里自然环境独特，您的身心可得到彻底放松。卢塞恩湖、欧洲最大的内河航运系统、卢塞恩里维埃拉著名的景点和宾馆、通往皮拉图斯山的世界最陡峭的齿轨铁路以及铁力士山常年的皑皑积雪构成了一幅迷人的画卷，为您流连忘返的旅行体验提供了精美的自然背景。

辨析：首先，对照译文一和译文二就会发现，译文二有多处增译，尤其是增译了原文的一些描述型形容词，如 a unique combination of landscape，culture and activities 在译文一中只是“独特的美景、文化与活动”，而在译文二中则变成“纯净自然的美景、多姿多彩的文化与丰富多彩的活动”，我们可以看到，为了满足中文读者的审美，译文二在每个名词前面都加上了修饰性的词语。原文的最后一部分 all go to make unforgettable experiences in fascinating natural surroundings 在译文一中基本属于词对词的翻译，即“构成你在迷人自然环境中的难忘体验”，而在译文二中则稍作变通，同时也在句子中添加了复杂的修饰语言。

对比两个译文，会发现译文一相对翻译得过于生硬，而译文二则灵活很多，而且在没有改变原文意思的同时使得语句更加顺畅，更加符合中文读者的审美和思维方式，起到了很好的宣传效果。另外，you 译成“您”要比译成“你”更符合中文的礼貌原则（politeness principle）。

例 4-31 飞水潭是鼎湖山空气含负离子最高的地方之一，飞瀑、绿树、幽潭组成了一个清凉世界。这里常有女子弹古筝，端正的面庞、悠扬的乐曲与溪流声相互辉映，就是一幅绝美的图画。

译文一：The Splashing Water Pond is one of the places with the highest density of negative ions in the air in the Dinghu Mountain. The flying waterfall，green trees，and the deep pond constitute a picturesque world. Here often a beautiful lady plays zheng，a Chinese zither with 25 strings. Her angelical face，melodious music and the stream flow sound match harmoniously. What a beautiful scene it is!

译文二：The Splashing Water Pond is well-known for its fresh air in the Dinghu Mountain area，where the splashing waterfall，the deep pond and surrounding green trees present to you a picturesque scene.

辨析：在原文中用“这里常有女子弹古筝，端正的面庞、悠扬的乐曲与溪流声相互辉映，就是一幅绝美的图画”描述景点的美丽。比如“古筝”这个词会让读者想象出高山流水的景象，一种古典美浮现在脑海之中。但是将这样的内容翻译成英文的时候，英文读者并不了解这样的文化背景，所以看到“古筝”这个词并不会联想到高山流水，那样就没法起到介绍景点的效果，所以在翻译的时候就不如直接省去。

另外，“空气含负离子最高”不必直译为 with the highest density of negative ions in the air，可以像译文二那样变成 fresh air，因为这毕竟是出自旅游材料而非科技材料，应该使用通俗的表达方式。所以，如果向英文读者介绍这个地方，译文二是更好的选择。

例 4-32 “什刹海水上游”采用长 7 米、宽 1.7 米，依“清明上河图”中船形打造的古色古意的橹船作交通工具，从水路穿过银锭桥去宋庆龄故居、广化寺和恭王府花园。日落西山船行什刹海，游人点起纸河灯放入水中，灯浮水面沿船尾浮动，忽明忽暗灿烂一片，这一景象使人恍如回到唐宋年间的西湖月夜。

译文一： In the "Cruise on the Shicha Lake", a scull with the size of 7m × 1.7m is used which is an old-timey imitation of the traditional one as shown in Along the River during *Chingming Festival*. By this boat, you can cross Yinding Bridge to the Former Residence of Soong Ching Ling, Guanghua Temple and Gongwangfu Garden. When cruising on the Lake at the sunset, you can light the paper lantern and put it on the water. The lantern floats and flickers around the stem, which seems to bring you back to the moonlit night around the West Lake in Tang and Song dynasties.

译文二： Visitors can cruise the Shicha Lake on a 7m × 1.7m boat which is an imitation of the one represented in Along the River during Chingming Festival, the famous painting by Zhang Zeduan of the Song Dynasty. During the cruise, you can cross Yinding Bridge to visit the Former Residence of Soong Ching Ling, Guanghua Temple and Gongwangfu Garden. When cruising on the Lake in twilight, you can light a paper lantem in person and put it on the water. Seeing the the flickering light in the lantem, you may think you were visiting the West Lake in Tang and Song dynasties on a moonlit night.

辨析： 译文一对"什刹海水上游"，"依清明上河图中船形打造的古色古意的橹船"，"游人点起纸河灯放入水中，灯浮水面沿船尾浮动，忽明忽暗灿烂一片"均采用了直译，显得有些冗长拗口，尤其是后面这部分显得过于Chinglish。但对"《清明上河图》"没有做任何解释，这对英语读者来说似乎有些陌生。译文二对译文一直译的地方作了修正，主语分别使用 visitors 和 you，能够拉近与读者的距离，在"《清明上河图》"的英文之后使用增译，对此进行一定的解释，这样可以使英语读者更好地理解。尤其是最后一部分，译文二的 Seeing the the flickering light in the lantern, you may think you were visiting the West Lake in Tang and Song dynasties on a moonlit night 比译文一的 The lantern floats and flickers around the stem, which seems to bring you back to the moonlit night around the West Lake in Tang and Song dynasties 显得更为直观，在介词使用方面更为准确。

例 4-33 这"龙"一般的蜿蜒，给 4.2 万平方千米的河套平原、宁夏平原带来了丰沛的水源，使少雨干旱的土地得到乳汁般的滋养，成为盛产粮食的膏腴殖壤，被誉为"塞上粮仓"或"塞北江南"。诗仙李白深情高歌："黄河落天走东海，万里写入胸怀间。"正是得益于秦岭的气候屏障、水源滋养和丰富物产，才会有，八百里秦川的风调雨顺，才会有周、秦、汉、唐十三朝帝都长安的绝代繁华。

译文一： This river, winding like a dragon, brings bountiful water resource to the Hetao Plain and the Ningxia Plain with an area of 42000 square kilometers. With its nurturing like milk, this dry land has become fertile and productive, reputed as "the granary beyond the GreatWall" and "the bountiful Yangtze Delta on the northern frontier of China". Li Bai. the Poetry Immortal, once depicted it as follows: "From the heaven the Yellow River falls and to the sea in the east it roars; in our bosom its great length can rest." It was the Qinling's protection from extreme climate, the rich water resource and the bountiful goods that created the favorable condition of the vast land of the Guanzhong Plain, and the unrivaled prosperity of Chang'an (today's Xi'an), the capital of thirteen dynasties in ancient China including Zhou Dynasty, Qin Dynasty, Han Dynasty and Tang Dynasty.

译文二：This winding fiver brings bountiful water resource to the Hetao and the Ningxia plains with an area of 42000 square kilometers. Thus this dry land has become fertile and productive, reputed as "the granary beyond the Great Wall" and "the bountiful Yangtze Deltaon the northern frontier of China". Li Bai, the Poetry Immortal, once depicted the river's spectacle in one of his poems. It was the Qinling Mountains protecting the area from extremeclimate, and the rich water resources and local products that created the favorable condition of the vast Guanzhong Plain, and thus the unrivaled prosperity of Chang'an (today's Xi'an), the capital of thirteen dynasties in ancient China including Zhou (c. 1045B.C.—256B.C.), Qin (221B.C.—206B.C.), Han (202B.C.—220A.D.) and Tang (618A.D.—907A.D.).

辨析：比较两个译文后不难发现，译文一过于拘泥原文，不仅将“龙”这一文化意象直接移植到英文里来，还把“得到乳汁般的滋养”和李白的诗直译过来，这种文化上的异化会让英语读者产生不良的联想，“得到乳汁般的滋养”的英译文显然属于“中式英语”，诗歌译文显得烦琐难懂，达不到旅游宣传的目的，反而会破坏读者的兴趣。译文二在这些地方都进行了简化处理，采用释义和修辞省译的策略，使得译文更加简洁易懂，容易接受。另外，译文一中的下划线部分在译文二中也做了简化处理，但为了让读者对中国的朝代有更清楚地理解，在各朝代后面加上了起止年份，属于增译。

第二节　旅游文本中的用词及其翻译

中英文的旅游材料既有普通文本的用词特点，又有这一文本类型独特的用词特点。比如，中英文旅游文本的用词一般都倾向正式，属于书面语，都使用一些具有描述性的形容词、动词、名词等，而且词汇涉及旅游的方方面面。

英语旅游文本的词汇并非倾向口语体，大部分文本仍然倾向使用正式词汇。本节重点探讨在翻译旅游文本的时候中文和英文的异同以及在进行相应的翻译时可以使用的策略。

一、中英旅游文本用词共同特点及翻译

每种文体都有自己的词汇特点，词与文体有着密切的关系。斯威夫特（J. Swift）给文体下的定义就是：“把恰当的词用在恰当的地方。”（Proper words in proper places make the true definition of a style.）因此，文体学特别强调场合与选词的关系，也就是说，词的恰当与否“首先取决于作者或说话者的主题（subject）、对象（audience）与目的（purpose）”（王佐良，丁往道，1987：55）。

具体来说，法律文体中的用词看起来庄重、严谨，符合法律的口吻，科技文体的用词看起来要正式、专业，符合科技的口吻，等等。那么，在进行旅游文本翻译的时候也要考虑其文本所具有的特点和语气，这样才能够真正地起到宣传的效果。其实中英文在旅游方面的词汇是有很多的共同之处的，譬如都会使用一些描述性的词汇，在表达信息的时候用词相对简单。另外，为了拉近与读者的距离，会经常使用第二人称代词，为了表示承诺，则使用情态动词。

（一）宣传景点时使用的词汇描述性很强

无论是英语的旅游材料还是中文的旅游材料，为了吸引读者来景点旅游，都会使用一些渲染力度很强的词汇来体现这个景点的魅力。这些描述性的词汇在译成汉语时往往比较容易，因为汉语更注重文词的华美。但反过来，中文的一些四字描述词汇在译成英文时往往要打一定的折扣，当然也要适当挑选一些描述类英文形容词、动词或名词等表述出来，不过要注意避免语义重复和冗余。

例 4-34 Welcome to breath-taking views, unforgettable moments and impressive scenery. Springtime in Interlaken debauches with blooming landscapes, natural alpine air, crystal clear rivers and rustling waterfalls. Snow-covered mountains and sunny days invite for springtime skiing in the Jungfrau region.

欢迎前来欣赏令人叹为观止的美丽风光。春天的因特拉肯景色宜人，让人流连忘返，这里有纯净的山区空气、水晶般清澈剔透的河水和哗哗作响、飞流直下的瀑布。另外，白雪皑皑的高山和灿烂明媚的阳光都在热情地迎接您春天来少女峰地区滑雪。

例 4-35 The Hawaiian Islands are one of the most beautiful places on earth. The weather is friendly. The temperature ranges from 60~90 degrees (Fahrenheit) all year long. It's a little warmer in summer, and a little cooler in winter, but every day is a beach day for somebody.

夏威夷岛是世界上最具魅力的地方之一。这里天气晴朗，气候宜人，气温常年在华氏 60~90 度之间。夏天稍暖，冬天稍凉，但每天都是晒太阳的好日子。

例 4-36 Switzerland has always kept a tight grip on its vibrant, colourful and quirky traditions. The country's linguistic and cultural diversity and its remote valleys have given rise to a huge and fascinating array of local customs and festivities, many of which still thrive today.

瑞士始终保持其充满活力、多姿多彩、独具特色的传统。瑞士的语言和文化多种多样，山谷远离尘嚣，这一切孕育了众多迷人的当地风俗和节庆活动，其中有很多风俗和活动至今依然充满旺盛的生命力。

例 4-34 中的形容词 breath-taking、unforgettable、blooming、crystal clear、rustling、snow-covered、sunny 等都是描述性很强的形容词，表现出 Interlaken 旖旎的风光和纯净的空气，动词 debauch 多少有些夸张，invite 又是一个拟人的手法。汉语译文将多数形容词译成了四字短语，符合中文读者的审美预期，debauch 找不到一个非常贴切的动词，所以变为中文常用的形容词短语，invite 则译为“热情地迎接”，添加了“热情”，而“迎接”也属于拟人手法，所以生动地再现出原文的宣传语气，同时使中文读者获得一种美的享受。

例 4-35 使用了 most beautiful 和 friendly 这两个描述性形容词，译文称为“最具魅力”和“天气晴朗，气候宜人”，比直接译为“最美丽”和“友好”要工整得多，同时更具美感，能满足汉语读者的审美预期，从而达到宣传的效果。

例 4-36 中的 vibrant、colourful、quirky 分别译成了汉语的四字格，尤其是 quirky 在这里是褒义词，因此不能译成“诡异的”。另外，remote 译成“远离尘嚣”让人产生一种清净的感觉，diversity 转译成了动词。

中文旅游材料中的描述性自不待言，因为善于使用华丽隽永的辞藻本身就是汉语的一大特点，更不必说在旅游文体中了。请看下面的例子。

例 4-37 这里千峰竞秀，有奇峰 72 座，其中天都峰、莲花峰、光明顶都在海拔 1800 米以上，拔地擎天，气势磅礴，雄姿灵秀。

Here you can enjoy numerous magnificent peaks including 72 in odd shapes, with Tiandu, Lianhua and Guangmingding above 1800 meters in altitude. They all rise up like giants, forming into spectacular scenery.

例 4-38 城内外遍布名胜古迹。寒山寺，诗韵钟声，脍炙人口；虎丘，千年古塔，巍然屹立；天平山，奇石嶙峋，枫林如锦；洞庭东山，湖光山色，花果连绵。

The city abounds with fine scenery and historical interest. The popular Hanshan Temple, with its channing bell, has inspired many a poetic mind. On the Tiger Hill, a thousand-year-old pagodastands in majesty. The Tianping Hill is featured by grotesque rock formations and red maple woodswhile luxuriant fruit-trees add to the natural beauty of East Dongting Hills and lakes around.

例 4-39 尖峰岭是中国现存面积最大、保存最完好的热带原始森林区。在尖峰岭的黑岭东边，有一个群山环抱的盆地，由于终日被云雾笼罩，翻卷飘荡，有“天池”的美称。

The Jianfeng Ridge is China’s largest and best-preserved tropical primitive forest area. On the east of its Black Ridge, there is a basin surrounded by mountains. Veiled in mist and clouds, it is known as “Heaven Lake”.

非常明显，例 4-37 ~ 例 4-39 的英译文中虽然使用了一些描写的词汇，但和原文相比，英文中有一定的删减，如例 4-37 中的“千峰竞秀”、“拔地擎天”、“气势磅礴”和“雄姿灵秀”以及例 4-38 中的“巍然”、“嶙峋”、“如锦”、“湖光山色，花果连绵”均做了简化甚至省译，例 4-39 中的“终日”和“翻卷飘荡”省译。

（二）表达信息时使用的词汇相对简单

旅游文本的产生实际是为了宣传，通过向读者进行广泛和生动的宣传，吸引他们来到景点旅游或者参与设计的旅游项目。考虑到读者的受教育水平不一样，所以在旅游文本创作的时候要尽量使用一些简单的语言，这样的情况在中英文中都存在。

例 4-40 Cross the bridge and turn behind the Winter Palace. In the middle of the huge Palace Square stands the Alexander Column. It commemorates Russia’s victory over Napoleon. The 650-ton granite column is not attached to the base in any way. Its own weight keeps it uptight. Hoisted into place in 1832, it has stood there ever since.

过了桥转到冬宫的后面，巨大的冬宫广场中间竖立着亚历山大圆柱，此柱为纪念俄国和拿破仑交战的胜利而建。650 吨的花岗石圆柱底部并未以任何方式固定，底部也无任何支撑。自 1832 年竖立之后，便一直站在那里。

例 4-41 Zermatt is surrounded by thirty-eight 4000m / 13000ft high mountains. Today you go on an excursion by cogwheel railway up to the famous Gornergrat where you will have a superb panoramic view of the Matterhom, Mont Blanc and many other snow-capped peaks. Over night at the hotel Simi in Zermatt.

采尔马特四周环绕着 38 座海拔 4000 米 / 13000 英尺的高山。如今可以乘坐齿轨列车前往著名的戈尔内格拉特，在那里欣赏马特宏峰、勃朗峰和众多积雪覆盖的山峰。在采尔马特的 Simi 宾馆过夜。

例 4-42 When purchasing a Swiss Travel Pass Flex or Swiss Transfer Ticket, the additional Swiss Half Fare Card Combi is obtainable at the same time. She costs CHF 60 and has the same advantages as the Swiss Half Fare Card.

购买瑞士旅行通票（活期）或瑞士转乘票可同时购买瑞士半价组合卡，该卡价格为 60 瑞士法郎，可享受的优惠内容与瑞士半价卡相同。

例 4-43 沧浪亭位于人民路的南端，是苏州最古老的园林之一。

Located on the southern end of Renmin Road，the Canglang Pavilion（Surging Waves Pavilion）is one of the oldest gardens in Suzhou.

例 4-44 云南有 26 个少数民族，是中国少数民族种类最多的省份。各民族的服饰、建筑、风俗、歌舞、饮食等，形成了一幅美丽的风情画卷。

Home to 26 ethnic groups-the largest number in China-Yunnan Province offers tourists a cultural feast of unique ethnic costumes，architectures，customs，cuisines，songs，and dances.

例 4-45 三亚位于海南岛最南端，是中国最南部的热带滨海旅游城市。三亚市别称鹿城，又被称为“东方夏威夷”，它拥有全海南岛最美丽的海滨风光，为顶级的旅游胜地。

Sanya，located on the southernmost tip of Hainan Island，is China’s southern most tropical seaside tourist city. Sanya is nicknamed “Deer City” and known as the “Oriental Hawaii”. The most beautiful coastal scenery on Hainan Island can be found here，making it an excellent tourist destination.

仔细阅读以上 6 个例子后不难看出，无论是英语的旅游材料还是汉语的旅游材料，在涉及实质信息时都会使用一些简单的词汇，没有夸张和渲染的成分，没有过多的修辞手法，使受教育程度一般的读者都能读懂，从而达到宣传的目的。这些简单词汇在翻译成中文或英文时也应尽量使用一些常用词汇，以期达到在目的语读者群中介绍信息的目的。

（三）均使用第二人称代词

不管是中文还是英文的文章都常常使用第二人称，因为很多时候第二人称并不是专门指一个人，而是一种泛指，指每个读者，这种用法在旅游文本中也常使用，可以给读者一种亲切的感觉，减少距离感，这样就能够更好地起到宣传效果。所以，第二人称的使用对旅游文本来说是很重要的。

一般来说，由于两种语言均存在这样的现象，所以中英文旅游文本中的第二人称代词有些可以直译，但由于中英文化的差异，英文旅游文本中的 you 如果需要翻译的时候，一般会选用显示礼貌的“您”。由于汉语有时表示泛指的句子中会省略主语（即无主句），所以英文中的 you 有些情况下可以选择省译，建议首先考虑是否可以省译，如果不能省译，再考虑译成“您”。下面举例分析。

例 4-46 Here you’ll find architectural gems，outstanding museums，lakefront promenades and Old Town alleyways lined with cafes，boutiques and speciality shops.

这里可以看到建筑界的珍宝、一流的博物馆、湖滨漫步区以及两侧咖啡馆、时装店和特产店林立的老城街巷。

例 4-47 You're not permitted to bring your own food to the park; you can only consume the fast food sold on the premises.

不允许自带食物进入园中，只能在里面的快餐店用餐。

例 4-48 If you like kitsch, you won't want to miss the bizarre melange of cultural artifacts at the National Museum of American History.

如果您喜欢一般的工艺品，一定不要错过美国国家历史博物馆的各种文化工艺品大市场。

例 4-49 With the wind in your hair and the sun in your face, you can take in the natural wonders of the lake in beautiful slow motion, such as the wild, romantic Giessbach Falls.

微风掠过发梢，阳光洒在脸上，（您）可以在美丽的慢动作中尽享大自然的各种神奇美景，比如狂野而不失浪漫的吉斯河瀑布。

这 4 个例子中，前两个译文省译了 you，尤其是例 4-47，由于原句表达的是一种规定，表示禁止，汉语在表达一种规定时往往使用无主句，这样“可以使表达的内容更显客观、公正”（彭萍，2009：26）。例 4-48 和例 4-49 中的 you 则译为中文更为礼貌的“您”，既显出对读者的尊重又拉近了与读者的距离。当然，例 4-49 中的 you 也可以省译。

相反，汉语旅游材料中也经常使用“你”或“您”来表达一种亲切的语气，一般均直译为英语的 you。

例 4-50 当你在杨柳青年画作坊亲眼所见那传世的印版、五彩的颜料、娴熟的画技，或许更能领略到这早已闻名四海的中国非物质文化遗产的无穷魅力，你不得不感叹这民间艺术奇葩的恒久生命所在。

When you see in the workshops for yourself the printing plates handed down from ancient times, the multicoloured pigments and the consummate skills, perhaps you will get a better understanding of the charm of this world-famous Chinese nonmaterial cultural heritage. And you cannot help marvelling at the lasting vitality of the exqui site folk art.

例 4-51 我们还专门为您安排了“环岛一日游”，带给您最大的舒适与享受。您既可以留在船上度过令人难忘的一天，也可以在几处停靠站下船游览，饱览岛上的宜人风光。

Our Round-the-Island Day Excursion has been specially designed to offer you maximum comfort, luxury and enjoyment. You can either spend a perfect day without leaving the cruise or pay visits to the added attractions of the fascinating shore at each of our places of call.

由于英语中第二人称代词只有一个 you，所以例 4-50 中的“你”和例 4-51 中的“您”均直译成了英语的 you。

（四）均使用形容词的比较级和最高级

旅游文本属于宣传广告类型，而广告在使用一些用来修饰的形容词的时候，喜欢用这个形容词的比较级甚至是最高级来凸显自己介绍的这个产品比其他的产品都好，在旅游文本中也常是这样使用的。

其实文本中的比较级可以直接进行翻译，但是在中英对译的时候常常把英语的比较级翻译成中文的最高级，因为这样会更具说服力、更简洁、更通顺。请看下面的例子。

例 4-52 Out of all of America’s symbols，none has proved more enduring or evocative than the Statue of Liberty.

译文一：在美国所有的标志当中，没有比“自由女神”更持久、更具感召力的了。

译文二：在美国所有的标志当中，“自由女神”最为持久，也最具感召力。

例 4-53 Easy to reach by road and rail，for decades this resort in the heart of the Bernese Oberland has been one of the most popular destinations for every visitor to Switzerland.

该旅游胜地位于伯尔尼高地中心地带，数十年来，已成为瑞士最受欢迎的旅游目的地之一。

对比例 4-52 的译文一和译文二，不难看出，译文二将形容词的比较级转译为最高级，反而使文章更加简练流畅，且语言结构更加紧凑，从而更加具有宣传效果。例 4-53 原文本身就使用了最高级，翻译的时候直译处理即可。

汉语旅游材料中的最高级要根据具体情况处理。请看下面的例子。

例 4-54 全国以西湖命名的淡水湖有 36 处，杭州西湖就是其中自然风光最秀丽的一个。

In China，there are actually 36 fresh-water lakes that have got the name of West Lake，but of them the one in Hangzhou is blessed with the most picturesque natural scenery.

例 4-55 许多山川林泉，之所以称为名胜，除了灵秀独钟的纯自然美以外，还因为有独一无二的人文景观。

Many mountains，rivers，forests and springs have become famous because they have aunique man-made landscape apart from their unique pure natural beauty.

例 4-54 中的“自然风光最秀丽的一个”直译为 the one…blessed with the most-picturesque natural scenery，例 4-55 中的“灵秀独钟”和“独一无二”实际上暗含着最高级，但根据其意思译成了 unique。

二、中英旅游文本用词特点及翻译

在中文旅游文本中，喜欢使用很多的华丽辞藻和“意复”型四字格，从而渲染行文的语气，达到感染读者的目的，这和中文背后的思维有关。而英语虽然如上文所述也会在介绍旅游景点或推介旅游项目时使用一些描述性较强的词汇，但总体说来，英语避免语义重复，更注重简洁明快。所以在将英文翻译成中文的过程中，会添加更多的具有描述性和感染力的语句，一般会出现“超额翻译”（over translation）的现象，即相对于原文加入了一些细节的东西。

反过来，汉语的英译文却不得不省掉一些重复的词语或冗余的华丽辞藻，一般会出现“欠额翻译”（under translation）的现象，即相对于原文省译一些东西。请看下面的例子。

例 4-56 In the summer months, Interlaken sets the scene for culture as well as sport. Several events already enjoy a long tradition and are as much a part of Interlaken as the acclaimed view of the Jungfrau massif.

夏季，因特拉肯的文化活动和体育活动一样精彩纷呈，有些活动历史悠久，这些活动和闻名遐迩的少女峰一样，成为该地区一道不容错过的美丽风景。

例 4-57 If you are looking for the most delicious French cuisine in town, why not rendezvous at this delightful spot where appetizing dishes are always served？

如果您正在城里寻找最美味可口的法国大餐，为什么不到这热闹非凡的地方来？要知道，这里总有令人垂涎欲滴的各种美味佳肴期待您的光临！

对照例 4-56 和例 4-57 的原文和译文不难看出，例 4-56 中“精彩纷呈”、“历史悠久”、“闻名遐迩”、“不容错过”以及例 4-57 中的“美味可口”、“热闹非凡”、“垂涎欲滴”、“美味佳肴”等四字成语都比原文更具描述性，符合汉语读者的审美心理。另外，例 4-57 中的“要知道”也是添加上去的，使得汉语的问句和后面的肯定句中间有一个过渡，这样比较清楚。而汉译英正好相反，一些描述性太强或信息重复的词汇要进行简化处理。

例 4-58 太湖奇峰环抱，烟水迷蒙，自然天成的湖光山色美不胜收。

译文一： Grotesque peaks around and mist over the surface form into harmonious natural scenery of the Taihu Lake.

译文二： Grotesque peaks around and mist over the surface have turned the Taihu Lake into a marvelous natural landscape.

译文三： Thanks to the grotesque peaks around and the mist over the surface, the Taihu Lake is really a fascinating natural landscape.

例 4-59 当你步入沟（九寨沟）中，便可见林中碧海淡荡生辉，瀑布舒洒碧玉。一到金秋，满山枫叶绛红。盛夏，湖山幽翠。仲春，树绿花艳……四时都呈献出它的天然原始，宁静幽深。

Limpid lakes and sparkling waterfalls captivate your eyes as you enter the ravine. The trees are in their greenest in spring when intensified by colorful flowers. In summer，warm tints spread over the hills and the lakes and in autumn，the maple trees turn fiery red. Tranquility pervades primitive Jiuzhaigou throughout the year.

仔细阅读例 4-58 和例 4-59 的原文和译文后不难发现，例 4-58 的三种译文均对原文的一些词进行了简化处理，尤其省译了“湖光山色”这一词，因为该词的意思已经在 grotesque peaks 和 mist 中显现。因此可以说，整个译文仅保留了主要信息。例 4-59 中除“碧海淡荡生辉，瀑布舒洒碧玉”明显做了简化处理外，其他描述性的词也都比原来简单。

综上所述，对于旅游文本中词的翻译处理原则，可以归纳为以下两点：

（1）英汉两种语言共有的用词现象可以直译，例如尽可能地选取一些描述性较强的词汇来取代原文同样意义的词汇；对于表达信息时所使用的简单词汇，在目的语中也尽量选取通俗易懂的词汇；第二人称若具有拉近与读者距离的语用意义时可以直译；形容词或副词的最高级很多情况下可以直译。

（2）鉴于英汉两种语言在用词上存在一定的差别，所以有时要变通处理。譬如，如果英语中的第二人称代词 you 表示建议或其他负面微妙的感情则可在汉语中省译，因为汉语在表示同样的语用意义时往往会使用无主句，但在另外的一些语境下要译成礼貌一点的“您”。

另外，汉语背后的思维决定了中文旅游文本中往往使用“意复”四字格，倾向工整对仗，在译成英文时要尽量避免意思重复，很多四字成语只需译为一个英文单词即可；反过来，英译汉时有些描述性较强的词汇可以译成汉语的“意复”四字格，甚至添加一定的修饰词，以满足汉语读者的审美需求。英汉旅游文本的词汇特征及其翻译策略见表 4-2。

表 4-2　英汉旅游文本的词汇特征及翻译策略

项目	英汉旅游文本的词汇特征	翻译策略
共同点	使用描述性较强的词汇	直译
	使用简单的词汇表达实质性信息	直译
	使用第二人称代词	若拉近与读者的距离，给人亲切的感觉，则直译，英译中还要注意一般要译成表达礼貌的“您”；如果英语句子表示建议或其他负面微妙的感情，则在汉语中省译
	使用形容词或副词的比较级和最高级	最高级可以直译，比较级视情况直译或译成最高级，尤其是英译汉
不同点	总体上，英语用词注重简洁明快，汉语注重描述和渲染，不惜重复笔墨	英译汉时可适当重复或添加词汇，属于超额翻译；汉译英则适当省译一些词汇，属于欠额翻译

三、译文辨析

例 4-60 Or relax in your comfortable seat and enjoy coffee，snacks and drinks served from our mini-bar.

译文一：在您舒适的座椅上放松，享受我们的迷你酒吧提供的咖啡、零食和饮料。

译文二：您可以在舒适的座椅上一边尽情放松，一边享用我们的迷你酒吧奉上的香浓咖啡、美味零食及各种饮料。

辨析：对照两个译文，不难发现，译文二在词语的使用上更符合汉语的表达习惯，把第二人称代词放在最前面，添加了“尽情”、“香浓”、“美味”和“各种”等修饰词，使译文的语气更富渲染气势，符合中国读者的审美心理，同时添加了连接手段“一边……一边”，使句子朗朗上口。

例 4-61 There’s no more splendid way to celebrate the end of the Alp summer.

译文一：没有比用这种方式来庆祝阿尔卑斯夏季结束更精彩的了。

译文二：这可以说是庆祝阿尔卑斯夏季结束最精彩最壮观的方式。

辨析：译文一直译了原文的比较级，译文二则将原文的比较级转译为最高级，对照阅读，不难发现译文一有些拖沓，译文二则更干脆利落，这说明很多时候英文旅游材料中的比较级转译为汉语的最高级更通顺，读起来更干脆利落。实际上，英语广告文体中的许多比较级都可以转译为最高级。例如：

You won’t find a quicker，easier，neater way to enhance your beauty.

您会发现这是提高魅力最快捷、最容易、最简便的办法。

例 4-62 Between 22 and 28 June，you have the unique opportunity to spend a week geeing to know our one-of-a-kind Alpine world，with the aid of experienced Zermatt mountain guides all this at a special price.

译文一：6 月 22 日至 28 日，你可以获得用一周时间了解独特的阿尔卑斯世界的独特机会。活动期间有经验的采尔马特高山向导为你提供帮助，活动价格优惠。

译文二：6 月 22 日至 28 日，您可以获得独一无二的机会，用一周的时间了解独一无二的阿尔卑斯世界，活动期间有经验丰富的采尔马特高山向导为您提供帮助，而活动的价格则非常优惠。

辨析：对照两个译文可以看出，译文二在词汇选择上更符合汉语的特点，如在翻译两个 unique 时均使用了四字成语“独一无二”，experienced 译成了“经验丰富”，分别比译文一的“独特”和“有经验”更具描述性和渲染的力度，同时译文二在最后的“优惠”前添加了程度副词“非常”，符合汉语的特点，使行文的语气更具有宣传力度。

例 4-63 （龙舟节）轻快的龙舟如银河流星，瑰丽的彩船似海市蜃楼，两岸那金碧辉煌的彩楼连成一片水晶宫，是仙境？是梦境？仰视彩鸽割飞，低眸漂灯留霓，焰火怒放，火树银花，灯舞回旋，千姿百态，气垫船腾起一江春潮，射击手点破满天彩球，跳伞健儿绽空中花蕾，抢鸭勇士谱水上凯歌。

译文一： The light some dragon-boats appear on the river as though the stars twinkle in the milky way. The richly decorated pleasure boats look like a scene of mirage. The splendid awnings in green and gold chain into a palace of crystal. Is this a fairy-land or a mere dream ? Looking above, you can see the beautiful doves flying about. Looking below, you can see the sailing lamps glittering. Cracking are the fire works, which present you a picture of fiery trees and silver flowers. Circling are the lantern-dancers, who present you a variation of exquisite manner. Over there the motorboats are plowing the water, thus a tide stirs up. Over there, the marks-men are shooting to their targets.

译文二： The river is densely dotted with long-boats and decorated cruisers. Along the banks are buildings of Chinese style with flickering lights. Many interesting activities are waiting for you, such as fireworks, motorboat driving, shooting, and parachuting.

辨析： 对照以上两个译文，不难发现，译文一在用词上照搬原文，“不仅让人不知所云，而且充斥着大量的夸张手法，令人发笑，用作广告对外宣传可能适得其反”（沈云，2006）。根据前文所讲中英文用词的不同特点，译文二进行了适当调整和灵活创新，改用简洁明快的用词，删掉了一些夸张和细节描述的词汇，这样就使得英译文“简洁明了，通俗易懂，起到吸引游客注意，激发游客购买欲望，最终促成购买行为”。

例 4-64 柳州的都乐岩旅游景区位于柳州市东侧，是柳州新出现的一颗璀璨明珠。景区充满绿色，山是绿色的，水是绿色的，地是绿色的，树是绿色的，田野是绿色的，因此被誉为“柳州风景的代表”。景区现已开发包括下洞、大厅、上洞三大部分的特色景点数十个，游、食、住、娱为一体，其宾馆设施完备，服务优良，安全舒适。

译文一： Duleyan Tourist Attraction in Liuzhou. 10 cated to the east of Liuzhou City, is a newly-rising brilliant pearl there. Everything is green in that area, including the mountains, waters, land, trees and fields, so it is reputed as the “representative of Liuzhou scenery” . Scores of characteristic scenic spots have been developed, including the lower hole, the hall and the upper hole, with the combination of sight-seeing, food, living and entertainment. The hotels here have complete facilities, good service, safety and comfort.

译文二：Duleyan Tourist Attraction，located to the east of the city of Liuzhou. is a new fascinating resort there. You will enjoy natural greenness and clear water everywhere，so it is reputed as typical scenery in Liuzhou. Scores of characteristic scenic spots are reachable now，where you will enjoy wonderful sightseeing，gastronomy，accommodation and recreation. All the hotels there offer reliable and comfortable facilitics and good services.

辨析：对照两个译文，不难看出，译文一在选词上基本拘泥于原文，如将“新出现的一颗璀璨明珠”译成 a newly-rising brilliant pearl there，与其这样翻译，不如译为 a rising star 更容易为英文读者接受，建议按照译文二那样将其实质信息译出即可。译文一里还有些选词与上下文的意义不相吻合，如 living 和 entertainment，实际上应该是译文二中的 accommodation 和 recreation。另外，译文二将“山、地、树、田野等都是绿色的”这一信息省译，而将整句话变通为 You will enjoy natural greenness and clear water everywhere，尤其是将“水是绿色的”中的“绿色”转译为 clear。“下洞、大厅、上洞”这三大部分没有必要译出，译文一中的 the lower hole，the hall and the upper hole 反而让读者难以理解。另外，“安全可靠”在译文一中直译为抽象名词 safety and comfort，显然与前面 facilities service 这样的具体名词不平行，所以不如像译文二那样融进句子转译为形容词，反而能让英语读者更明白。细心的读者还会发现，在汉语中经常用在“设施”之前的“完备”在译文二中也省略不译，因为 reliable and comfortable facilities 已经足够。

例 4-65 诺日朗瀑布是中国最宽的瀑布之一，滔滔水流如银河飞泻。早晨在阳光的照耀下，常可见到一道彩虹横挂山谷，极为迷人。五花海有“九寨一绝”的美名，翠绿的湖水中，五光十色的珊瑚大量生出。老虎石是取景的最佳地点，这个位置拍下的五花海宛若织锦。

译文一：Nuorilang Waterfalls are one of the widest waterfalls in China. The Surging water falls down like the Milky Way. In the morning sun，you can often see a rainbow hanging across the valley，an extremely charming sight. Five Flower Lake is hailed as “a wonder in Jiuzhaigou Valley” . Colorful corals grow in the green lake. Tiger Stone is the best place to find a view. From here，photographs of Five Flower Lake come out just like a tapestry.

译文二：Nuorilang Waterfalls are one of the widest waterfalls in China. The water falls down like the Milky Way. In the morning sun，you can often see a rainbow over the valley，forming a charming sight. The Five Flower Lake is hailed as a wonder there. Colorful coralsgrow in the turquoise water. The Tiger Stone is the best place to enjoy the view. From here，you can take fabulous photos.

辨析：第一个译文保留了原文中“滔滔”、“横挂”、“宛若织锦”、“五光十色”、“大量”，这样显得太过冗余，而且“织锦”在英语读者看来意象比较陌生。同时，英语很少使用 green 来表示水的清澈，而是用 blue 或其他词，如译文二中使用的 turquoise。另外，专有名词中如果含有普通名词，一般要加定冠词 the。这些问题在译文二中做了处理，将渲染的词简化，同时在适当的地方使用了冠词。因此，译文二较译文一更符合英语的选词。

第三节 旅游文本中专有名词的翻译

旅游目的地是旅游文本宣传的主要内容，因为关于旅游地的内容多，所以纯地名和景点名称就变成了高频词汇。对于旅游景点，人们更多关注的是历史和人文景观，这就促成了当地的历史事件和人名的宣传。一些特色旅游项目还会宣传其间举行的活动，因此活动名称在旅游文本中也很常见。另外，美食是旅游文化的一个重要组成部分，尤其是中国菜肴更是丰富多彩，这些菜肴名称也可以算作专有名词。

正如陈凌燕、傅广生（2006 年）指出：若要了解旅游景点的特征，首先就要看旅游景点的名称，新颖的景点名称对景点的介绍来说可谓锦上添花。在国际方面，景点名称的翻译能够影响国外友人对此景点的兴趣。景点名称的翻译也能表现出翻译者的能力，对国与国之间的文化往来有一定的影响。实际上，不仅恰当地翻译景点名会发挥如此重要的宣传作用，处理好地名和活动名称等的翻译同样也非常重要，因为恰当的翻译是游客了解和认识旅游地文化的基础，所以它能够丰富游客的知识，与此同时也是体现翻译者能力的重要方面。

总之，处理好上述专有名词的翻译，对旅游景点可以起到很好的宣传作用。下面分别探讨纯地名、景点名、活动名称以及菜肴名称的翻译。

一、纯地名

这里所论及的地名是指纯粹的地名，如中国各省或特别行政区、城市和乡镇等名称以及外国的州、城市和乡镇等名称。这些地名是名副其实的专有名词。除已经存在意译的地名外，大部分地名均可采取音译的办法。但一般来说，在旅游文本中遇到地名，应该先查阅相关的词典或网络资料。毕竟，中英文比较“大”的地名都已有其固定的译文，如果译者再根据读音进行翻译，很可能与已经固定下来的译文有出入，这样不利于读者的理解和接受，尤其是外译中，如世界各国及其首都和主要城市的名称、美国各州或英国郡的名称等。如果对这些名称不是很熟悉，就一定要查阅参考资料，包括《世界地名词典》（上海辞书出版社，1980 年出版）以及网络资源。如果使用 Google 进行搜索，一般会出现同一外国地名的不同汉译文，一定要根据网站的权威性、出处的权威性和汉语的表达习惯进行取舍。如 Zermatt 要译成“采尔马特”而非“菜而马特”，Graubfunden 要译成“格劳宾登”，而非“葛劳邦顿”等。如果涉及的地方确实太小，找不到参考的译文，则一般采取音译，但要注意音译的选字要符合传统的习惯，使读者感觉这确实是个外国地名。

世界主要城市名称列举如下：

Abu Dhabi 阿布扎比
Addis Ababa 亚的斯亚贝巴
Amsterdam 阿姆斯特丹
Ankara 安卡拉
Athens 雅典城
Atlanta 亚特兰大
Baghdad 巴格达
Bangkok 曼谷
Barcelona 巴塞罗那
Beirut 贝鲁特
Belgrade 贝尔格莱德
Berlin 柏林
Boston 波士顿
Brasilia 巴西利亚
Brisbane 布里斯班
Brussels 布鲁塞尔
Bucharest 布加勒斯特
Budapest 布达佩斯
Buenos Aires 布宜诺斯艾利斯
Cairo 开罗
Canberra 堪培拉
Cape Town 开普敦
Caracas 加拉加斯
Casablanca 卡萨布兰卡
Chicago 芝加哥
Copenhagen 哥本哈根
Denver 丹佛
Detroit 底特律
Dhaka 达卡
Dublin 都柏林

Florence 佛罗伦萨
Frankfurt 法兰克福
Geneva 日内瓦
Hanoi 河内
Havana 哈瓦那
Helsinki 赫尔辛基
Honolulu 夏威夷檀香山
Houston 休斯敦
Islamabad 伊斯兰堡
Istanbul 伊斯坦布尔
Jakarta 雅加达
Jerusalem 耶路撒冷
Johannesburg 约翰内斯堡
Kabul 喀布尔
Karachi 卡拉奇
Kathmandu 加德满都
Kingston 金斯敦
Kuala Lumpur 吉隆坡
Kuwait City 科威特城
Kyiv 基辅
Lagos 拉各斯
Lima 利马
Lisbon 里斯本
London 伦敦
Los Angeles 洛杉矶
Madrid 马德里
Managua 马那瓜
Manila 马尼拉
Melbourne 墨尔本
Mexico City 墨西哥城
Minsk 明斯克
Montreal 蒙特利尔
Moscow 莫斯科
Mumbai 孟买
Munich 慕尼黑

Nairobi　内罗毕
New Delhi　新德里
New Orleans　新奥尔良
New York　纽约
Oslo　奥斯陆
Ottawa　渥太华
Paris　巴黎
Philadelphia　费城
Phoenix　凤凰城
Prague　布拉格
Reykjavik　雷克雅未克
Rio de Janeiro　里约热内卢
Rome　罗马
San Francisco　旧金山
San Salvador　圣萨尔瓦多
Santiago　圣地亚哥
Santo Domingo　圣多明各
Sao Paulo　圣保罗
Seattle　西雅图
Seoul　首尔（汉城）
Singapore　新加坡
St. Petersburg　圣彼得堡
Stockholm　斯德哥尔摩
Suva　苏瓦
Sydney　悉尼
Tashkent　塔什干
Tehran　德黑兰
Tokyo　东京
Toronto　多伦多
Vancouver　温哥华
Venice　威尼斯
Vienna　维也纳
Vladivostok　符拉迪沃斯托克（海参崴）
Warsaw　华沙
Washington DC　华盛顿（哥伦比亚特区）

Wellington 惠灵顿

Winnipeg 温尼伯

Yangon 仰光

Zurich 苏黎世

中译外一般都采取标准的汉语拼音，所以不会有太多的困难，中国各省以及各大城市的名称就是一个很好的例子。金惠康（2006：298）指出："汉语拼音法是我国行政区划名称的主要译法，也应该成为统一的标准译法。这是因为汉语拼音方案作为我国的法定注音方案的同时，也是国际标准化组织（ISO）为中国专有的名词设定的国际上的翻译标准。"当然，值得注意的是，中国的少数省、自治区或城市以及特别行政区的英文名称与标准的汉语拼音存在差异，有的相去甚远，现列举如下：

内蒙古 Inner Mongolia

呼和浩特 Hohhot

乌鲁木齐 Urumqi

西藏 Tibet

阿勒泰 Altay Prefecture

巴音郭楞 Bayingolin

克拉玛依 Karamay

库尔勒 Korla

喀什 Kashgar

那拉提 Nalati

拉萨 Lhasa

香港 Hong Kong

澳门 Macao

陕西 Shaanxi

另外，如果汉语的地名是单字组成，翻译的时候一般改为双字，例如"蓟州区（蓟县）"一般应译为 Jixian County，地名的简称在英译文中要还原全称，如将"京"译为 Beijing，"沪"要译为 Shanghai，"穗"译为 Guangzhou，"鲁"要译为 Shandong，等等。使用地名简称命名的铁路、公路的名称一般要把两地的全名译出。请看下面的例子：

京沪铁路 （the）Beijing—Shanghai Railway

陇海铁路 （the）Lanzhou—Lianyungang Railway

京杭大运河 （the）Beijing—Hangzhou Grand Canal

京津塘高速公路 （the）Beijing—Tianjin—Tanggu Expressway

从上面的例子可以看出，译者对中国地理要有一定的了解，如果不熟悉铁路或公路的起始点，则要查阅资料，如有的译者对上文的“陇海铁路”可能不熟悉，那么一定要查阅资料或咨询身边的人，切不可乱译。通过查阅资料后知道该铁路是兰州至连云港的铁路，因此要译成 Lanzhou—Lianyungang Railway。另外，有些中文地名两个汉字中，如果后一个汉字没有声母而是直接以韵母开头，要注意在中间加一个“’”号，如“西安”译成 Xi’an，“淮安”要写成 Huai’an。

二、河流、山川、湖泊、瀑布和火山等

在翻译旅游文本的时候，难免会碰到河流、山川、湖泊、瀑布和火山等的名称。外文的河流、山川、湖泊、瀑布和火山等名称的翻译要求译者有一定的地理知识，对世界上著名的河流、山川和湖泊已经固定的中译文有一定的了解，这样就可以在翻译中省去查阅资料的麻烦，提高翻译的效率。例如，以下这些河流、山川、湖泊、瀑布和火山的名称应该是译者熟悉的。

河流：

Amazon　亚马孙河

Congo　刚果河

Mekong　湄公河

Mississippi　密西西比河

Missouri　密苏里河

Nile　尼罗河

Rhine　莱茵河

Thames　泰晤士河

请注意以上河流在行文中均需要加上定冠词 the。

山脉和山峰：

Alps　阿尔卑斯山

Andes Mountains　安第斯山

Rocky Mountains　落基山

Great Caucasus　大高加索山

Himalayan Mountains　喜马拉雅山

Fuji Mount　富士山

Mount Everest　珠穆朗玛峰

Mont Blanc　勃朗峰

Kilimanjaro　乞力马扎罗山

请注意以上山峰或山脉名称，除了 Mount 放在前面以外，其他在行文中还需要添加定冠词 the。

湖泊：

Caspian Sea 里海

Superior Lake 苏必利尔湖

Victoria Lake 维多利亚湖

Aral Sea 成海

Huron Lake 休伦湖

Michigan Lake 密歇根湖

Tanganyika Lake 坦噶尼喀湖

Baikal Lake 贝加尔湖

Great Bear Lake 大熊湖

Malawi Lake 马拉维湖

Lake Geneva / Lake Léman 日内瓦湖

请注意以上湖泊名称，除了 Lake 放在前面以外，其他在行文中需要添加定冠词 the。

瀑布：

Angel Falls 安赫拉瀑布

Iguazu Falls 伊瓜苏大瀑布

Tugela Falls 图盖拉瀑布

Niagara Falls 尼亚加拉瀑布

Rhine Falls 莱茵瀑布

Yosemite Falls 优胜美地瀑布

Jog Falls 乔格瀑布

Victoria Falls 维多利亚瀑布

火山：

Laki 拉基火山

Kilauean 基拉韦厄火山

Mauna Loa 冒纳罗亚火山

Vesuvius 维苏威火山

Mount St Helen's 圣海伦斯火山

Monte Etna 埃特纳火山

请注意以上火山除 Mount 或 Monte 放在前面外，其他名称放在行文中也需要添加定冠词 the。

中国的大部分河流、山川、湖泊、瀑布和火山等一般均采取音译的办法，下面是一些例子：

松花江 the Songhua River

长白山　the Changbai Mountains

洞庭湖　the Dongting Lake

海南岛　Hainan Island

太行山　the Taihang Mountains

昆仑山　the Kunlun Mountains

如果中文的河流、山川、湖泊、瀑布和火山名称为单字，翻译中则改为双字的汉语拼音，与前面讲过的地名一样。请看下面的例子：

太湖　the Taihu Lake

黄河　the Huanghe River[1]

惠山　the Huishan Hill

中国有些河流、山川、湖泊、瀑布和火山已经有沿用下来的固定翻译，有的是意译，有的虽然属于拼音翻译，但与当前使用的标准拼音不尽相同，这种情况下可沿用原来的翻译。例如：

珠江　the Pearl River

长江　the Yangtze River

香山　the Fragrant Hill

雅鲁藏布江　the YarlungZangbo River

阿尔泰山脉　the Altay Mountains

三、景观标识名称

一些著名旅游景点的地名更应该要特别注意，如张光明等（2009：230）指出："作为翻译工作者，要着重关注地名背后的文化信息。由于是旅游景点，很多且历史意义不可混淆，所以要求翻译者传递正确的文化信息。"这里我们把这些景点名称叫作"景观标识名称"，即像中国的"长城"、"颐和园"、"西湖"和"杜甫草堂"等，外国的 Petrodvorets Palace（莫斯科的"老皇宫"）、National Museum of American History（美国的"美国历史博物馆"）、the Statue of Liberty（美国的"自由女神"）等这样的名称。

在翻译者为游客讲解的过程中，如果遇到景观名称，一定要去网络上查找正确的翻译，如果已有固定的译法，就要沿用固定的译法，尤其是找到权威网站上的翻译；否则，如果译者根据自己的理解翻译，反而会造成译文与已有固定译文不符的现象。例如，"孔林"实际上指的是孔子的墓所在地，所以应该译成 the Cemetery of Confucius，而不应该"望文生义"将之译成 the Forest of Confucius。

---

[1] "黄河"也可译为 the Yellow River。

如果所要翻译的景观标识名称没有现成的译文，那么译者就需要根据名称的意思进行翻译，如果是纯粹的地名，则按照上文提到的地名翻译原则翻译，如果是普通名词构成，则根据景观标识名称的特点和普通名词的含义以及目的语读者的接受程度进行翻译。比如“杜甫草堂”应该是人名与普通名词相结合的景观标识名称，所以译文也应该由人名和普通名词构成，译为 Du Fu's Thatched Cottage，这样的译文对英文读者来说也很容易理解。武汉的“东湖”则是由普通词汇构成，可译为 the East Lake，而“东湖”基本上属于武汉市区的东面，且译文与杭州的“西湖”译文 the West Lake 相对。下面选取中国及其他国家的一些旅游景点名称及其译文作为参考。

（一）中国一些著名景点

北海公园　the Beihai Park
故宫博物院　the Palace Museum
中国国家博物馆　National Museum of China
天安门广场　the Tian'anmen Square
毛主席纪念堂　the Chairman Mao Zedong Memorial Hall
保和殿　the Hall of Preserving Harmony
中和殿　the Hall of Central Harmony
长城　the Great Wall
午门　the Meridian Gate
紫金山天文台　the Zijin Hills Observatory
紫禁城　the Forbidden City
御花园　Imperial Garden
颐和园　the Summer Palace
天坛　the Temple of Heaven
周口店遗址　the Zhoukoudian Ancient Site
太和殿　the Hall of Supreme Harmony
祈年殿　the Hall of Prayer for Good Harvest
少年宫　the Children's Palace
烽火台　the Beacon Tower
人民大会堂　the Great Hall of the People
清东陵　the Eastern Royal Tombs of the Qing Dynasty
乾清宫　the Palace of Heavenly Purity
民族文化宫　the Cultural Palace for Nationalities
劳动人民文化宫　the Working People's Cultural Palace

北京工人体育馆 Beijing Worker's Stadium
仙人洞 Fairy Cave
黄果树瀑布 Huangguoshu Falls
西山晴雪 the Sunny Western Hills after Snow
避暑山庄 the Imperial Mountain Summer Resort
龙门石窟 the Longmen Stone Cave
苏州园林 the Suzhou Gardens
天池 the Heaven Pool
蓬莱水城 the Penglai Water City
大雁塔 the Big Wild Goose Pagoda
石林 the Stone Forest
白马寺 the White Horse Temple
白云山 the White Cloud Mountain
布达拉宫 the Potala Palace
大运河 the Grand Canal
滇池 the Dianchi Lake
杜甫草堂 Du Fu's Thatched Cottage
都江堰 the Dujiang Dam
鼓浪屿 the Gulangyu Islet
观音阁 the Goddess of Mercy Pavilion
归元寺 the Guiyuan Buddhist Temple
甘露寺 the Sweet Dew Temple
黄花岗七十二烈士墓 the Mausoleum of the 72 Martyrs
华清池 the Huaqing Hot Spring
昭君墓 Zhaojun's Tomb
毛泽东故居 Mao Zedong's Former Residence
越秀公园 the Yuexiu Park
岳阳楼 the Yueyang Tower
南湖公园 the South Lake Park
中山公园 the Zhongshan Park
武侯祠 the Temple of Marquis
漓江 the Lijiang River
寒山寺 the Hanshan Temple
静心斋 the Heart-Ease Study
黄鹤楼 the Yellow Crane Tower

天下第一关　the First Pass under Heaven
桂林山水　the Guilin Scenery with Hills and Waters
秦始皇兵马俑　the Qin Terra-Cotta Warriors and Horses

（二）国外一些著名景点

Angkor Wat　吴哥窟
Arch of Triumph　凯旋门
Aswan High Dam　阿斯旺水坝
Ayers Rock　艾尔斯巨石
Big Ben in London　伦敦大本钟
Borobudur　波罗浮屠
Buckingham Palace　白金汉宫
Cape of Good Hope　好望角
Central Park　纽约中央公园
Colosseum in Rome　古罗马圆形剧场
Crocodile Farm　北览鳄鱼湖
Easter Island　复活节岛
Eiffel Tower　埃菲尔铁塔
Elysee Palace　爱丽舍宫
Grand Canyon　大峡谷
Great Barrier Reef　大堡礁
Sydney Opera House　悉尼歌剧院
Hyde Park　海德公园
Kolner Dom　科隆大教堂
Leaning Tower of Pisa　比萨斜塔
London Tower Bridge　伦敦塔桥
Louvre　卢浮宫
Metropolitan Museum of Art　大都会艺术博物馆
Mosque of St. Sophia　圣索非亚教堂
Mount Cook　库克山
Nairobi National Park　内罗毕国家公园
Niagara Falls　尼亚加拉大瀑布
Notre Dame de Paris　巴黎圣母院
Panama Canal　巴拿马大运河
Parthenon　巴台农神庙

Pattaya Beach 芭堤雅海滩

Pyramids 金字塔

Red Square in Moscow 莫斯科红场

Statue of Liberty 自由女神像

Taj Mahal 泰姬陵

White House 白宫

Times Square 时代广场

Westminster Abbey 威斯敏斯特大教堂

World Trade Center 世界贸易中心

Yellowstone National Park 黄石国家公园

Yosemite National Park 尤塞米提国家公园

请注意，以上名称中如果后面有普通名词，在行文中需要添加定冠词 the，如 the Arch of Triumph 和 the Pattaya Beach 等。

四、活动名称

旅游文本中经常会涉及旅游目的地举办的一些活动，这些活动的名称一般由普通名词或形容词等构成，或者由普通名词和地名或人名这样的专有名词共同组成。若活动是由普通名词组成，那么翻译工作也用它的意思进行直译即可；如果是普通名词和上述专有名词共同构成，专有名词采取音译，普通名词则译出其意思。但总体的原则应该是言简意赅，具有吸引力。当然，除普通名词外，还可能由形容词或动词与地名或人名共同构成，其翻译原则同普通名词与地名或人名构成的专有名词翻译原则。请看下面的例子：

例 4-66 Further attractions complete the offer-horse racing and polo competitions on the Lake of St. Moritz，the Cresta Run and Olympic Bob Run（1928 and 1948），the music festival Snow & Symphony，the Gourmet Festival and Open Festival，St. Moritz’Olympic skiing jump and the Ski World Cup and World Championships downhill runs（1934，1948，1974，2003）and famous rail excursions such as Glacier Express and Bernina Express. In summer this is enhanced by yet more leisure opportunities such as mountain biking，hiking，golfing，tennis，sailing，and Switzerland’s only National Park-all reachable within minutes!

这里还有许多其他的游览项目，如赛马以及圣莫里茨湖上举行的水球比赛、克里斯塔长跑和奥林匹克鲍勃长跑（1928、1948）、“皑皑白雪与交响乐”音乐节、美食节和歌剧节、圣莫里茨奥林匹克跳高滑雪、滑雪世界杯、世界下山跑锦标赛（1934，1948，1974，2003）等，这里还有著名的铁路游览（如冰川快车和伯尔尼纳快车）。夏季还有更为休闲的运动，如山地自行车、远足、高尔夫、网球、帆船等。瑞士唯一的国家公园也坐落于此，短短几分钟之内，一切均触手可及！

这个例子中，原文有普通名词构成的活动名称，如 Snow & Symphony，the Gourmet Festival，Open Festival，the Ski World Cup 和 World Championships downhill runs 等，这些均翻译其意思，分别为“皑皑白雪与交响乐”音乐节、美食节、歌剧节、滑雪世界杯、世界下山跑锦标赛。另外，原文还有由专有名词和普通名词构成的活动名称，如 the Cresta Run，Olympic Bob Run 和 St. Moritz’ Olympic skiing jump，翻译这些活动名称时，专有名词采取音译，普通名词则翻译其意思，所以分别译成“克里斯塔长跑”“奥林匹克鲍勃长跑”和“圣莫里茨奥林匹克跳高滑雪”。

有的英文活动名称中地名会放在最后，译成中文时一般调整原文的顺序，将地名置于前面，符合汉语的表达习惯。请看下面的例子。

例 4-67 Every year since 1946，the Italian-speaking town of Locamo on Lake Maggiore becomes the world capital of cinema for 11 days. In 2010，Film Festival Locarno will be held from August 4 to 14.

使用意大利语的洛迦诺坐落在马焦雷湖畔，自 1946 年起，每年有 11 天这里都会变成世界电影之都。2010 年，洛迦诺电影节将于 8 月 4 日至 14 日举行。

例 4-67 中的 Film Festival Locarno 由普通名词 film festival 和专有名词 Locarno 构成，翻译成“洛迦诺电影节”，调整了原文的顺序，迎合了中文读者的表达习惯。

中文的活动名称翻译与英译中相似，普通词采取意译，地名或人名构成的专有名词则采取音译。请看下面的例子。

例 4-68 今年 10 月 8 日至 14 日，这里将举办“无锡太湖国际钓鱼比赛”，集体和个人，职业和业余选手均可报名参加。

From October 8th to 14th this year，it will host Wuxi Taihu International Angling Competition，in which both professionals and amateurs can participate in groups or in singles.

例 4-69 东风湖冰雪大世界在以往冬季滑雪健身休闲项目的基础上，今年将重点推出以“快乐东风湖”为主题的冬季旅游主题活动，推广冰雪健身休闲，精心打造“中国第一雪圈”。

Apart from the existing skiing activities for wellness and recreation in winter, Dongfeng Lake Ice and Snow World will launch its winter tourist event “Joyous Dongfeng Lake” this year to promote health building and recreation in snow，striving to create the Best Skiing Area of China.

例 4-69 原文中“快乐东风湖”和“中国第一雪圈”是表示活动的专有名词，前者由普通词和地名构成，后者完全由普通名词构成，所以将前者译为 Joyous

Dongfeng Lake，将后者译为 the Best Skiing Area of China.

五、中国菜肴

品尝美食是旅游活动中不可或缺的一环，尤其是中国菜肴一直受到来自世界各地的游客的喜爱。中国菜肴是中国文化的重要组成部分，其主要特点表现在以下几个方面：

（1）菜系丰富，不仅有鲁菜、川菜、粤菜、淮扬菜等著名的四大菜系，还有闽菜、徽菜、湘菜等众多其他菜系，每一种菜系都有自己的风味和烹饪方法。

（2）中国菜肴的做法独特，味道鲜美，可谓色、香、味、形、养五质具备。

（3）菜肴的命名方式各不相同，有的富有浪漫色彩，如"过桥米线"、"荷塘小炒"等；有的注重写实，如"冬菇菜心"、"鱼香肉丝"等；还有的取自典故或民间传说，如"鸿门宴"、"佛跳墙"，还有的跟历史名人有关，如"东坡肘子"等。

中国菜肴既然有着丰富的文化内涵，如果翻译不当，就会闹出很多笑话。如有人将"童子鸡"译成了 chicken without sexual life，将"口水鸡"译成了 slobbering chicken 等，试想外国人在看到这样的英文后会有怎样的反应？因此，中国菜肴的翻译应该规范，否则不但不能很好地宣传中国的美食文化，反而会破坏中国菜肴和中国饮食文化的形象。所幸中国已经认识到了这一点，在 2008 年奥运会前夕专门对中国菜肴翻译进行了讨论和规范。

（一）直译

这里的"直译"即（1）直接翻译菜肴的烹调方法、原料及／或作料；（2）直接翻译菜肴的口感、原料及／或作料；（3）直接翻译人名或地名和原料及／或作料。这种译法适用于本身就属于上述三种情况的中文菜肴。请看下面的例子：

清蒸桂鱼　steamed mandarin fish
杏仁鸡丁　chicken cubes with almond
牛肉豆腐　beef with bean curd
西红柿炒鸡蛋　scrambled egg with tomato
回锅肉　twice-cooked pork ／ double cooked pork
芥末鸭掌　duck webs with mustard sauce
葱油鸡　chicken with scallion in hot oil
茄汁鱼片　sliced fish with tomato sauce
椒麻鸡块　cutlets chicken with hot pepper
黄酒脆皮虾仁　crisp shrimps with rice wine sauce
四川水饺　Sichuan boiled dumpling
东坡煨肘　Dongpo stewed pork joint

北京烤鸭 Beijing roast duck

以上例子的原文分别属于“烹调方法 + 原料及 / 或作料”、“口感 + 原料及 / 或作料”、“人名或地名 + 原料及 / 或作料”这三种类型，所以翻译的时候直接翻译不会引起文化冲突或误解问题。

（二）释义翻译

这里的“释义翻译”即对菜肴进行解释性翻译，即舍去中国菜肴的一些文化含义或修辞手法，而用平直、明白的英语表达出原文的原料、作料和烹饪方法等。该策略主要适用于使用比喻、夸张等手法或其他文化手段以引起中国人美好联想的菜肴，这些菜肴如果采用直译法会让外国游客感到费解或不解甚至误解。请看下面的例子：

狮子头 braised meat balls with brown sauce

白玉虾球 crystal white shrimp balls

夫妻肺片 pork lungs in chili sauce

蚂蚁上树 sauteed vermicelli with spicy minced pork

黑白分明 black and white fungus with sesame seeds

以上例子中原文都有一定的比喻或夸张意义，或者迎合中国消费者的文化心理，但是如果将这些菜肴直译为 lion’s head，white jade shrimp balls 和 couple’s lung slice 等，势必会让外国游客感到莫名其妙，因此这样的菜肴不如采取释义翻译的方法。

（三）归化翻译

所谓“归化翻译”就是用目的语中的文化语言符号和形象取代源语中的文化语言符号和形象。中国菜肴的“归化翻译”就是用外国类似的菜肴名称去取代中国菜肴名称，当然在烹饪方法上两者还存在一定的细微差异，但这种差异可以忽略，从而使译文更加地道，容易唤起外国游客的亲近感，以收到更好的宣传效果。请看下面的例子：

盖浇面 Chinese-style spaghetti

羊肉铁板烧 mutton barbecue

叉烧肉 barbecued pork

锅贴 pot stickers

以上例子借助于英语常用的 barbecue 和 spaghetti 基本上能传达出原文的主料或做法，而 pot stickers 更为通俗、形象，所以这种归化还是可取的。

（四）音译加释义

“音译加释义”策略就是指将中国菜肴的名称或部分名称（主料部分可以翻译意思）先用中国通用的拼音写出，后面添加一定的解释文字，从而使译文在保留一定中国特色的同时能够让外国游客理解并接受。这样的翻译策略适用于使用典故、传说等命名的中国菜肴或者带有中国文化特色词的菜肴。由于翻译典故和传说所占篇幅较长，比较复杂，尤其是一些外国游客对中国历史并不十分了解，或者是有些菜肴直接翻译出来会带来文化冲突，所以不如先翻译成拼音，然后在后面解释该菜肴的原料、辅料及做法等。请看下面的例子：

龙凤配　longfengpei（lobster and chicken）

宫保鸡丁　kung pao chicken（fried diced chicken in Sichuan style）

佛跳墙　fotiaoqiang（steamed abalone with shark's fin and fish maw in broth）

咕老肉　gulu pork（sweet and sour pork）

贵妃鸡　guifei chicken（chicken wings and legs with brown sauce）

以上例子如果直译就会使外国读者“摸不着头脑”或产生文化冲突，所以不如先采用音译，后面翻译其烹饪方法、原料和作料等，使得外国读者更清楚菜肴的组成。譬如，如果将“龙凤配”译成“dragon and phoenix”就会产生文化冲突，因为“龙”和“凤”在中国文化中让人产生好的联想，而 dragon 会让西方游客产生不好的联想，phoenix 一般不会让西方人产生什么联想。还譬如，将“佛跳墙”的故事讲出来需要很大的篇幅，所以不宜写在菜单上，只能当作和外国游客用餐时的一种谈资。

（五）异化加释义

“异化”是与前文所述“归化”相反的翻译策略，即在目的语中保留原文的文化符号和形象。“异化”与“直译”不同，后者主要是指意思上的直译，而前者重在文化形象。有一些中国菜肴具有浓郁的中国文化特色，在英文中保留其文化形象并不需要很长的篇幅，而且不会引起外国游客的费解、误解或文化冲突，这些菜肴则可以采取“异化”翻译策略，异化的译文后面可以用括号进行简单的解释，这样既能做到不同文化之间的有效沟通，还能更好地宣传中国文化和中国菜肴。请看下面的例子：

叫花鸡　beggar's chicken（baked mud，coated chicken）

四喜丸子　four-joy meat balls（meat balls braised with brown sauce）

全家福　happy family（combination of shrimps，port，bee chicken，lobster and vegetables with brown sauce）

百年好合 enduring harmonious union（sweet soup of lily and lotus root）

以上例子中，“叫花鸡”先做异化翻译，然后括号加上释义，前面的异化翻译可以迎合外国游客的“猎奇”心理，后面的解释便于他们更好地理解该菜肴的原料和做法，后面三个例子体现了中国人欢乐、喜庆的气氛和美好的祝福，异化翻译也会让外国游客感受到快乐、喜庆的气氛以及美好的祝福，括号中的释义便于他们更好地了解菜肴的主料和辅料。以上是中国菜肴的五种可行的译法，但是要针对具体情况具体处理。

此外，将中国菜肴做成菜单时，不妨在中文后面均加上汉语拼音（即音译），然后使用括号简单解释菜肴的主料、辅料和烹饪方法。这样，外国游客只需记住汉语拼音，在其第二次、第三次到中国来的时候能说出菜肴的名称，如果只记主料、辅料和烹饪方法，接待他们的中国主人可能会误解菜肴的名称，从而为他们点错了餐，因为毕竟采用同一主料、辅料和烹饪方法做出的菜肴不一定只有一个中文名称。

旅游文本中专有名词的翻译策略见表 4-3。

表 4-3　旅游文本中专有名词的翻译策略

专有名词类别	翻译策略
纯地名	在目的语中已有翻译的沿用已有的译名； 在目的语中没有，则一般采用音译； 请注意汉语单字的地名要译成双字地名，如“蓟州区（蓟县）”最好译为 Jixian County； 汉语中地名的简称要译为全称，如将“沪”译为 Shanghai
河流、山川、湖泊、瀑布和火山名称	首先应查阅资料（如互联网）看是否已经存在译名，在目的语中已有翻译的沿用已有的译名，如果没有，则一般采用音译； 汉语单字名称一般要译成双字名称，如“太湖”最好译为 the Taihu Lake
旅游景点名称	首先应查阅资料（如互联网）看是否已经存在译名，在目的语中已有翻译的沿用已有的译名，如果没有，则根据景点名称的构成进行翻译，该音译时则音译，该意译时则意译
旅游活动名称	由地名或人名构成的活动名称采取前面所讲地名的翻译策略； 由普通词和地名或人名构成的活动名称则采取音译和翻译意思相结合，即普通词翻译其意思，地名或人名音译（特殊情况除外）； 由普通名词构成的活动名词一般可直接翻译意思
中国菜肴的翻译	针对不同情况，采取以下不同的翻译策略：直译、释义翻译、归化翻译、音译加释义、异化加释义，甚至可以统一为一种策略，即音译加释义

六、译文辨析

例 4-70 One of the places that the MGBahn network takes visitors is right into the UNESCO World Heritage Swiss Alps Jungfrau-Aletsch, which was named as the first Natural Heritage site in the Alps by the UNESCO World Heritage Committee in 2001. The Aletsch Glacier-at 22 km the longest anywhere in the Alps-is the centrepiece of the whole area.

译文一： MGBahn 网络带游客进入的地方之一正好是联合国教科文组织的遗产瑞士阿尔卑斯 Jungfrau-Aletsch 地区，这是被联合国教科文组织世界遗产委员会命名的阿尔卑斯地区第一个自然遗产。Aletsch 冰河——阿尔卑斯山区最长的冰河——是整个地区的中心。

译文二： 马特宏圣哥达铁路公司铁路网带游客进入的游览胜地之一是联合国教科文组织世界遗产瑞士阿尔卑斯少女峰—阿莱奇地区，该地区于 2001 年由联合国教科文组织世界遗产委员会命名为阿尔卑斯山区的首个自然遗产。长达 22 公里的阿莱奇冰河是阿尔卑斯山区最长的冰河，也是整个地区的中心。

辨析： 对照两个译文，不难看出，第一个译文中的专有名词保留了原文，会给中国读者一种陌生感，而事实上这些专有名词在网上均能查到其音译文。其次，原文的 network 在该句中不能只译为“网络”，而应根据上下文译为“铁路网”。另外，该译文不够通顺，尤其原文的破折号之间的部分处理不够得当，汉语一般不使用“——阿尔卑斯山区最长的冰河——”这种表达方法，因为这样的表达显得冗长，所以英文两端都使用破折号进行说明的部分一般可以译成括号，或根据情况调整其顺序。而译文二在上述几个方面处理得比译文一得当，基本上忠实、通顺地表达了原文的意思，而且专有名词根据参考资料译成了中文，对中文读者不会构成阅读障碍，还会增加读者的地理知识。

例 4-71 At the end of the 1960s，the makers of the Bond film “*On Her Majesty's Secret Service*” were immediately taken by the futuristic revolving restaurant on the Schilthorn：the scenesinvolving the imaginary “Piz Gloria” had to be shot here… The film became a great success. The Schilthorn cableway and the revolving restaurant equally so. The magnificent 360° panorama from the summit takes in the world-renowned Alpine triumvirate of the Eiger，MÖnch and Jungfrau，reaching fight to Mont Blanc and into the Black Forest.

译文一： 20 世纪 60 年代末，邦德电影《女王的秘密服务》的制作者一眼就被 Schilthorn 上的未来主义旋转餐厅吸引了，包含想象中的“Piz Gloria”旋转餐厅的场景一定要在这里拍摄……电影取得了很大的成功，雪朗峰缆车和旋转餐厅同样如此。顶部壮观的 360 度全景观吸收了世界著名的阿尔卑斯三巨头——Eiger、MÖnch、Jungfrau，一直到 Mont Blanc 和黑森林。

译文二： 雪朗峰上未来主义风格的旋转餐厅一下子吸引了邦德电影《女王密使》的制作者：包含想象中的“光荣之峰”（Piz Gloria）旋转餐厅的场景一定要在这里拍摄……电影取得了巨大的成功，雪朗峰缆车和旋转餐厅也取得了巨大的成功。游客在山顶可以欣赏到美丽的 360 度全景，欣赏举世闻名的阿尔卑斯三巨头艾格峰、僧侣峰和少女峰，还能一览勃朗峰和黑森林美丽壮观的景色。

辨析： 这里的译文一基本上保留了专有名词 Schilthorn，Eiger，MÖnch，

Jungfrau 和 Mont Blanc 等，整个中文对中国读者来说有些陌生，尤其是对不太认识英文的读者来说更是如此。实际上这些词在中文中已经存在译文，分别为“雪朗峰”、“艾格峰”、“僧侣峰”、“少女峰”和“勃朗峰”，所以译者应将其译成对应的中文名称。*On Her Majesty's Secret Service* 是一部电影的名称，中文也已存在译文，叫作《女王密使》，译文一将之译为《女王的秘密服务》，显然会误导读者（将之看作是另一部电影）。另外，“顶部壮观的 360 度全景观吸收了世界著名的阿尔卑斯三巨头——Eiger、MÖnch、Jungfrau，一直到 Mont Blanc 和黑森林”一句逻辑显然有些混乱，意思不清，表达亦不够通顺。虽然 Piz Gloria 目前没有一个特别好的译文，网上查到一个译文是“皮兹葛里亚餐厅”，但这一汉语名称对中国读者来说未免显得陌生，实际上，Piz 在德语中是“山峰”的意思，Gloria 在德语中是“光荣”的意思，所以不妨将之译为“光荣之峰（Piz Gloria）旋转餐厅”，而且括号内保留英文。因此，将译文二同译文一进行比较以后就会发现，译文二无论从地名的翻译、电影名称的翻译和旋转餐厅的翻译还是译文的通顺和可接受程度方面，均优于译文一。

例 4-72 Since its birth in 1967 as a three-day event，the Montreux Jazz Festival has become a stupendous 16-day affair，headlined by jazz，blues，rock，world music，rap，electronic synthetic music，pop and soul luminaries.

译文一：自 1967 年为期 3 天的蒙特勒爵士音乐节与观众见面以来，Montreux 爵士节变成了一个为期 16 天的重要盛会，爵士乐、布鲁斯、摇滚乐、世界音乐、说唱乐、电子合成乐、流行音乐和灵魂音乐的明星会在这里领衔主演。

译文二：1967 年，为期 3 天的蒙特勒爵士音乐节首次与观众见面。今天，这一举世闻名的音乐节已成为为期 16 天的盛会，爵士乐、布鲁斯、摇滚乐、世界音乐、说唱乐、电子合成乐、流行音乐和灵魂音乐的明星会在这里济济一堂，献上精彩的演出。

辨析：Montreux 在汉语中已经存在译文“蒙特勒”，所以最好译出，而译文一有一处保留了英文，“蒙特勒爵士节”缺少“音乐”二字显得不够直观。另外，译文一“自 1967 年为期 3 天的蒙特勒爵士音乐节与观众见面以来”显得过长，“领衔主演”会误导读者，因为原文实际上是“演奏”。译文二根据活动的性质将 Montreux Jazz Festival 译成“蒙特勒爵士音乐节”，对中文读者来说比较直观。因此，对照两个译文可以看出，在专有名词的处理和译文通顺两个方面译文二比译文一可取得多。

例 4-73 泰山又称东岳，以“五岳独尊”的盛名称誉古今，是世界自然与文化双重遗产，主峰玉皇顶海拔 1532.7 米。风景区内的著名风景有天烛峰、日观峰、百丈崖、仙人桥、五大夫松、望人松、龙潭飞瀑、云桥飞瀑和三潭飞瀑等。

译文一：Mount Tai，known as the East Great Mountain，is widely known as “the greatest of the five Great Mountains in China", with the highest peak Yuhuangding as high as 1532.7 meters. It is now both a World Natural and Cultural Heritage site. There are scenic spots like Heavenly Candle Peak, Sun-watching Terrace, Baizhang Cliff, Fairy Bridge, Five Pines Pavilion, Wangren Pine, Dragon Pool Waterfalls, Cloud Bridge Waterfalls and Three Pools Waterfalls.

译文二：Mount Tai, also named the East Great Mountain, is widely known as "the greatest of the five Great Mountains in China", with the highest peak Yuhuangding as high as 1532.7 meters. It is now both a World Natural and Cultural Heritage Site. Here, you can enjoy spectacular peaks, pines and waterfalls.

辨析：原文中有不少景点名称，每个名称都非常生动形象，但如果像译文一那样直译，反而会让英语读者有些不明白，尤其是带有文化色彩的"仙人桥"、"龙潭瀑布"等，因此不妨像译文二那样直接将这些名称省译，只写 spectacular peaks, pines and waterfalls。

第五章 现代公示语翻译的理论基础及其发展现状

不同文化和民族的交往在人类创始之初便成为必需和现实。标识的历史可以追溯到人类居住的山洞里时绘制的符号和标记进行信息传递的年代。在古华夏、古埃及，标识、符号等就在史前遗迹中被发现，中文的象形符码特点保留至今。

在一个多元文化构成的世界，信息技术和现代交通的高科技化使得世界每一处都在发生巨大变革，并促进人员交往，改进城市设施，使旅游景点更为安全、舒适。全球化带来世界各国、各民族人员之间更为频繁的交往、接触。人们受不同文化传统教育，使用不同语言，遵循不同习俗，而没有任何四海通用的语言可以轻易跨越文化和语言壕堑，实现有效沟通。图形符号、国际标准标识、公示语的演进、使用和发展与人们的旅游活动关系最为直接。

第一节　公示语翻译概述

一、公示语的定义

公示语是公开和面对观众的语言，是一种实用语言，是提示、显示、警示、解释、告示与其生产、生态、生命息息相关的图形信息和文字。

“signs”是最接近“公示语”所蕴涵含意义的英语词汇。国际标准化组织委员会主席巴里·格鲁将“signs”定义为：“Signs are anything from the simplest way finding or information ‘marker’ to the technically sophisticated communication of a message.Signing affects everybody-travelers，shoppers，visitors，drivers etc，whether in the course of business or pleasure.” “signs”是由信息标志和技术含量高度复杂的信息传播形式组成。“signs”在休闲娱乐和商业活动中影响着购物者、来访者、驾驶者和旅行者。

《世界旅游组织图形标志手册》从具体操作层面提供了与公示语相关的概念定义。

标识（sign）：指一类标记，器物或象征符号，被认为并允许代表或区分事、物、概念或地方。

信号（signal）：以声、光或肢体形式发出的信息。

象征（symbol）：一种可视的图形，通过写、绘、画或其他制作手段复制，意在传达一种特殊的含义。

图形或图形符号（graphical or graphic symbol）：一种可视的图形，用来单独传递语言信息。图形或图形符号可通过绘制、印刷或其他方式制作。

公共信息符号（public information symbol）：图形符号，目的是给广大公众提供信息，对于这些符号的理解往往不需要专家来解释或接受专门的培训。

示意图（marker）：图形标识用来给飞机指示地面的位置，在海上给船舶指示航线，在杆或树上标记滑雪坡道和路径等。

图标（icon）：一类标记代表与之类似的操作，通过链接，便利电脑工作（宏在一个计算机程序的链接）。

示意（indication）：一类标识，涉指实物（如烟表示火，风向标的运动表示风等）。

指称（referent）：主题为象征符号和提议的象征符号意义的简练话语信息代表。

变体（variant）：是为特定指称设计的替代象征符号。

中国标准化研究院对于标识的定义如下。

标识：标识是人行动的指令，是由颜色、几何形状、符号等组成。主要用于公共场所、建筑物、产品外包装及印刷品等，一般包括图形标识、文字辅助标识和其他辅助标识。

城市公共标识：向大众传递不同的信息，以简单明了的方式使大众接受，其主要内容包括安全标识与公共信息，是世界范围的通用语言。城市标志还具有美化城市环境的重要功能，是城市规划和建设的一项重要内容。（全国信息与文献标准化技术委员会，2003）

图形标志或城市公共标志都是“符号”的一种或几种表现形式。近年来，翻译研究越来越多地借用符号学理论解释符码转换理论与实践问题。在信息传播和人际交往上，研究理解符号的意义对公示语的翻译工作十分有利。

符号学使我们了解了不同的标志、图形（如旅游图形标志），是如何产生、怎样使用的。

符号学创始者认为，标识必须是有意义的，即是一个标识/图形、主体和客体互动的积极过程。旅游图形标识必须以最为通俗化、最简洁的形式体现特定事物的意义。

图形标识不是以通常相同的方式解释直观的、理解的意义，也不是依照心理分析、社会学专家，以及科学、宗教人士同样的思维逻辑或同样的前提假设进行解释。

图形标识作为一种载体间接代表现时事物。这就是为什么图形标识的指代可能会非常含糊，甚至会导致歧义解释。

图形标识是以形象的方式表示一件物体或事物，其形态、特征将（特定社会群体）现实的思想与任何抽象或现实的事物关联。

由此看来，图形标识是用来表达具体事物的体现和表述，也就是把无形事物的形式变为有形。

当符号学家展示给人们能指和所指之间的差异时，他们认为图形标识可以是形意疏离的形式。在不同文化、社会背景的旅游者间，旅游图形标识确是能指和所指最佳关联的艺术体现。

在全球化条件下，在旅游业的大框架中，图形标识应当成为非语言交际的一个组成部分，尽管英语已经成为国际旅游领域广为使用的语言，图形标志仍然显示出其跨文化和跨语言交际方面的优越性。

一些交际手段的发展确定了我们的感受和认知程式，思维内容与传播思维内容的表现形式几乎合为一体，难以分辨。

当代另外一些专家，如吉里斯·德布拉认为人类文明经历了三个阶段：言语阶段（the Logo sphere），文字阶段（the Grapho sphere），读图阶段（the Video sphere）。

图形标识研究不仅包括符号学，自然还要包括以下几个方面。

语言学：旅游图形标识包括了书写文字信息（地名、景点名、距离等）。文字信息的传播或许与旅游者的语言使用方式有所不同（从左到右，从上到下，从右到左）；文字标识的意义甚至与使用这个语言的人们习惯的方式有所差异（如中文或西班牙文在欧洲或拉美的使用情况）。

心理社会学：个人或群体因心理和社会环境因素变化而导致对图形标志的理解差异。

法律法规：图形标识的设计和使用间或涉及法律法规约束（如那些有助于促进或减少游客流量的限制标志）。

审美与环境因素：主观审美因素也是标识图形设计考虑要素；同时还要考虑与特定文化和环境因素组合的和谐。

经济与区域发展：在一个越来越多元化、多极化的世界，图形标识需要因地制宜，但不要互不相关、各行其是。图形标识不应简单基于某种符码，其内涵需要经过专门培训的人，或有过接触的人才可以识别和理解。标识图形使用者（旅游者）应当能够推断图形标识设计者最初预设的意义、意图，以及这类信息的文化框架归属。

图形标识所处的客观环境对旅游者理解其意义至关重要。矗立在一片沙丘的标志上面如果图标标有附近有泉水或绿洲远比标识距法国巴黎5000千米外的道路更容易理解。图形标识不会影响旅游景点的客观和文化环境，它既不贬低，也不会妨碍一个旅游景点的特色和优势。图形标识矗立在旅游信息服务系统的恰当部位，使绝大多数旅游者识别、理解、受益。

国际标准图形标识具有以下几种重要的功能。

（1）禁止：禁止人们将要做的某种动作。

（2）警告：提醒人们当心可能发生的危险。

（3）指令：强制人们必须做某事。

（4）限制：对人们的行为进行限制。

（5）提示：对人们提供某种信息，如标明某设施、场所，或指明其方向。

文字标志是与颜色、几何形状、图形等视觉元素组合形成的具有特定功能的标志。

二、城市公示语解读

21 世纪的城市功能必然包括旅游目的地和集散地的功能。

所谓旅游目的地，是指吸引旅游者与专程前来参加观光游览、休闲度假和会议展览等活动的空间区域，它一般是一个较大的地理区域（如一个国家、一个地区、一座城市或一座海岛等）。一般认为，旅游目的地往往是一个具有舒适性、可达性、附属服务、吸引性等功能的地方。旅游目的地是由质量、安全、特色、友好这四个方面来决定其质量和竞争力的水平。与此同时，旅游目的地的形象也与这四个因素密不可分。所以说，这四个方面是旅游市场上核心竞争力和最终吸引力的决定因素。

国际旅游目的地是指具有吸引国外游客来本国旅游度假的能力的、旅游地四大功能达到国际化程度的旅游地域综合体。这四大功能包括：第一，交通便利，海陆空交通均发达；第二，有良好的国际旅游形象；第三，服务管理水平和旅游接待设施均达到了国际标准；第四，具有旅游特色，有吸引游客的旅游吸引物等（远见联合，2011）。从国际旅游角度来定义世界城市，那么世界城市也必然是国际旅游目的地和国际旅游中心。

城市公示语是商务、外交、教科文体交流人员和外籍旅游者生活、旅行的基础。城市公示语的翻译水平决定了这些人的工作效率以及生活质量。一座城市就是一部百科全书，各交通枢纽、旅游景点、博物馆等就是这部百科全书中的专题和章节，城市公示语充当了这部百科全书的目录与索引的角色。走向国际化的高质量的人文环境和语言环境是中国扩大对外开放的基础，若要建成国际化的旅游地或是世界城市，就要做到公共场所标识体系与生产发展和全球化社会文化相互融合。中国文化的对外开放不只是针对中国，也是国际走入中国的方式，有利于外籍人了解中国文化的博大精深，体验中华文明带来的感受，融入中华文化的和谐环境。若要做到这些，公共场所标识体系的规范化必不可少。

传统的旅游公示语以信息性（informative）为主。解说性（interpretative）公示语则是在信息性基础上以旅游者为本，以旅游目的地产品和服务营销为导向的针对性、系统性、高满意度的信息服务。解说性信息服务是一种策划缜密、系统健全的信息服务。解说性公示语必须将专家、学术、行业等的语言转换翻译为旅游参观者通俗易懂、喜闻乐见的语言信息。为此，解说性公示语转换解释的是“观念”。解说性公示语以产品或服务为导向，每一个解说牌都是为了特定的目的（学习目标、情感目标、行为目标）服务的。解说性公示语质量的优劣完全在于实现旅游参观者学习目标、情感目标、行为目标，城市和旅游机构文化、形象、经济目标的程度。

三、城市公示语系统

“城市旅游公示语系统”的含义，就是依据旅游城市的功能需求与形象定位，不同的旅游标识之间的联系进行组合，并且使信息接收者能够接受游客的相关信息，从而使旅游标识具有教育、使用、服务的作用，并且让游客更好地了解旅游地的特点。（李渊，2010）

一个完整的城市旅游标识系统应具有以下几个方面的功能。

（1）提供必要的信息和导向服务，完善城市的旅游功能。

（2）帮助游客欣赏旅游资源及价值，提高消费满意度。

（3）增加旅游地设施和资源的保护力度，加强对旅游资源和设施的保护。

（4）增强旅游者的旅游文化体验。

（5）行使明确的跨文化教育功能，促进旅游者与当地人民的交流和理解。

（6）实现旅游目的地的可持续发展。

（7）有助于提升城市旅游形象。

第二节　公示语的功能与分类

一、公示语的功能

公示语用于各种各样的地方，在我们的日常生活中发挥着广泛的作用。虽然它们涵盖范围广泛，公示语却享有相同的社会功能，这是其最大的功能。

（一）应用（示意）功能

公示语不管是应用还是影响都渗透到日常生活中。作为一种信息服务，公示语要做到满足公众和旅游者的行为、心理和社会的需要，能够体现周到的信息服务。公示语在实际应用中具有以下八种应用（示意）功能：

（1）指示性功能。语言应用不一定要求公众去采取何种行动，其功能在于指示服务内容，用途广泛。

（2）提示性功能。没有任何特指意义，仅起提示作用。

（3）限制性功能。限制性功能是指对人们的行为进行限制，但限制方式要合理。

（4）强制性功能。强制性功能是对于公众行为的强制要求，其语言肯定、不留余地。

（5）管理性功能。提供城市和景点高效运行所需信息，标签型和短语篇均可见。

（6）推广性功能。提供思想文化理念和商品推广信息，以呼唤型为主，文字处理新颖夺目。

（7）解说性功能。以受众易于接受的形式对人文、自然景观予以解说，增强受众的体验感受，语言简明通俗、体裁约定俗成。

（8）教育性功能。提供使公众了解、认识、普及某些事物的信息，客观并带有呼唤性特点。

当然，公示语功能分类可以与公示语实际应用的作用相结合。在这种情况下，公示语的功能又分为多种，有警示性、激励性、显示性、颂扬性以及营销性。

（1）显示性功能。显示性功能保证了信息服务的严谨，同时也具有提醒服务内容的作用。例如："Car Rental"（租车服务）、"Wet Paint"（油漆未干）、"Full Booked"（客满）、"Sold Out"（售完）、"Restricted Height 4.2m"（限高 4.2 米）等。

（2）激励性功能。激励性功能是为了特定的任务和目标而存在，它具有影响公众行为的影响力。例如："Firstclass services to all guests"（创一流服务，迎四海嘉宾）、"Working together，we can make a world of difference"（共同努力，世界更精彩）等。

（3）颂扬性功能。颂扬性功能具有教育和宣传的作用，能够对某一件事物或某一个人起到颂扬的作用。例如："Customers Foremost and Credit First"（客户至上，信誉第一）、"Fake Commodity Free Store"（假冒产品免费商场）、"New Beijing，Great Olympics"（新北京，新奥运）、"One World，One Dream"（同一个世界，同一个梦想）等。

（4）警示性功能。警示性功能具有限制公众行为的功能，虽然它的语气常常是禁止、命令，但它的存在能够维护秩序。例如："Stand in Line"（站队等候）、"Keep Clear off the Edges"（勿靠两侧）、"Handicapped Only"（残疾人专用）、"No Overtaking On Bridge"（桥上不准超车）等。

（5）营销性功能。营销性公示语的主要方式是广告以及商业促销信息，这一功能能够影响消费者的消费心理，从而提高经济效益。例如："Daily Special"

（今日特价）、“Daily Service”（当日可取）、“Free Delivery”（免费送货）、“Crest：creating smiles every day！”（佳洁士：牙齿健康，笑容绽放！）等。

（二）特定（具体）功能

商场附近以及街道上的公示语是根据消费者的消费需求和行为设置的，具有提供信息、促进行动、巩固形象、加深理解、引发兴趣等营销功能。

1. 引发兴趣功能

引发兴趣功能的公示语能够激发消费者的消费兴趣，吸引消费者的注意力，这类公示语常常出现在商家橱窗以及门面处。例如：“Last Chance to Buy”（最后机会）、“Anniversary Sale”（开业纪念特卖）、“Halfprice Summer Styles Reduced”（夏季新款半价销售）等。

2. 加深理解功能

加深理解功能的公示语能够加深消费者对消费品以及商家的理解，从而提高消费者的购买力。例如：“YOUR SAFETY IS OUR PRIOITY”（您的安全我们的天职）、“Transco APOLOGISE FOR ANY INCONVIENIENCEDURING THESE ESSENTIAL WORKS”（Transco 为因施工给您带来的任何不便深表歉意）等。

3. 提供信息功能

提供信息功能的公示语包括提供消费信息以及提供服务，这一类公示语对于消费者来说起到了了解消费区域的消费品类型的作用，从而更加快捷地满足消费者的需要。例如：“Duty Free”（免税店）、“Camping Equipment”（露营装备）、“Beauty Products”（美容化妆品）等。

4. 促进行动功能

促进行动功能的公示语具有吸引消费者消费的功能，多为促销信息等。例如：“20%Off”（八折优惠）、“COME IN AND WIN”（进门赢大奖）、“DEAL DIRECT WITH MANUFACTORY AT SPECIAL PRICES”（厂家特价直销）等。

5. 服务社会功能

服务社会功能的公示语对于商家来说，要兼顾经济效益与社会效益，平衡二者之间的关系。例如：“Working Together，We can Make a World of Difference.”（共同努力，世界更精彩。）、“A MILLENNIUM PROJECT Supported by Funds from the National Lottery”（千年纪念工程国彩资金赞助）等。

6. 防范犯罪功能

防范犯罪功能的公示语对维护治安、防范犯罪起到重要作用，也有些防范犯罪的公示语是为了标明电子监控设施。例如：“Crime Prevention Advice Thieves Beware”（犯罪防范忠告当心窃贼）、“CAMERA 156 SEE ANYTHING SUSPICIOUS CALL IN CONFIDENCE 08003281413”（电子监控器 156 发现可疑事沉着拨打 08003281413）等。

7. 巩固形象功能

巩固形象功能的公示语起到了巩固企业良好形象的作用，只有企业具有良好的形象才能提高消费者的好感，吸引消费，提高企业的影响力，甚至能够提高城市的知名度。例如："We Care！ We Want Your Comments！"（我们关注！欢迎批评！）、"Thank you for visiting Excel London"（谢谢您到访伦敦伊克塞尔车站）等。

二、公示语的分类

迄今为止，人们尚未对公示语的分类达成统一共识。这是由于人们接触到多种公示语，它们以不同的形式呈现。换句话说，公示语可以从不同的方面进行分类。

（一）公示语的分类

（1）根据表现形式，可以把公示语划分为文字公示语和图形公示语（比如那些仅有图像的公示语）。

（2）根据地理区域，在广义上，可把公示语划分为：国内和国际都通用的公示语。那些具有很强的中国特色而只用在中国的公示语；在狭义上，我们有主要针对城市的公示语和旅游景点公示语。

（3）根据构件材料，可把公示语划分为电子公示语和非电子公示语。

（4）根据企业收益，可以把公示语划分为商业公示语和非商业公示语。

（5）根据性质和作用，可把公示语划分为政治性公示语、商业性公示语、公益性公示语和个人性公示语。

（6）根据所属行业，可把公示语划分为广告公示语、交通公示语、旅游公示语、环保公示语、计划生育公示语、林业公示语、卫生公示语、消防公示语、公交系统公示语、教育公示语等。

（7）根据社会用途，可把公示语划分为旅游、交通、安全、政治、通知等方面的公示语。在《公共场所英语标识语错译解析与规范》（2010）一书中，公示语被划分为通用公示语以及道路交通、旅游景点、邮政银行、工商外贸、文教卫生、公益广告等方面的公示语。

（8）根据信息状态，可以把公示语划分为静态公示语和动态公示语。静态公示语出现于旅游景点、公共设施、道路名称、涉外机构以及某些头衔和职位等方面，强调指称功能和服务，例如："International Departure"（国际航班出港）、"Drinking Water"（饮用水）、"Shopping Mall"（购物商城）等。动态公示语广泛应用于交通和公共设施等领域，强调激励、引导和呼唤功能，例如："Turn Right"（右转）、"No Photographing"（严禁拍照）、"No Tipping"（谢绝小费）等。

此外，还可以按照使用场所把公示语细分为运输场所（机场、火车站、汽车站、码头、地铁、公路、桥梁等场所）公示语、旅游场所公示语（介绍旅游景点的名称和设施、提供警示性和提示性信息等功能）、商业及服务场所公示语（主要包括企业名称、基础设施、警示或提示信息、经营服务信息、商品名称、服务人员名称、部门名称等）、文化场所（包括剧院、电影院、书店、图书馆、艺术馆、博物馆、体育场馆、大学校园等地方）公示语、医疗卫生场所（主要是医院和公共厕所）公示语和其他涉外场所（某些涉外办事机构，公寓楼的大厅、电梯、走廊，建筑物的外墙等）公示语。

（二）公示语的类别

在《公示语的汉英翻译》（2004）一文中，吕和发教授依据应用功能将公示语分为四个类别，这个分类法常常被大家引用。

（1）指示性公示语。为的是将周到的信息服务提供给游客，不带有强制和限制的意义。例如："INFORMATION"（问询服务）、"Car Rental"（租车服务）、"Travel Service"（旅游服务）、"Take Away"（外卖服务）等。

（2）强制性公示语。此类公示语的语气通常都非常直白和强硬，不具有商议的可能性，是要求相关人员必须做出什么样的举动，或者不允许采取什么样的举动。例如："No Smoking"（严禁吸烟）、"No Minors Allowed"（儿童严禁入内）、"Don't Walk"（禁止通行）、"No Overtaking On Bridge"（桥上严禁超车）等。

（3）提示性公示语。这类公示语的用途比较广泛，对公众仅起到一种提示的作用，不具有特别的针对性。例如："STERILIZED"（已消毒）、"Wet Paint"（油漆未干）、"Sold Out"（售完）、"CCTV in Operation"（闭路电视监控区）等。

（4）限制性公示语。这类提示语的语气通常都比较直接，但不粗暴不强硬，是对公众提出一些行为上的约束和限制。例如："Give Way"（让路）、"Ticket Only"（凭票入场）、"Handicapped Only"（残疾人通道）、"Stand in Line"（站队等候）等。

在《汉英公示语词典》（2004）一书中，吕和发、单丽平将通用公示语与行、食、宿、游、娱、购等相关的专项公示语依照海外旅游者需求和行为特点按 11 个类别顺序排列：

（1）通用公示语。公示语、商业推广语、标语、地名、天气预报。

（2）旅行。海关、移民、检疫、航空旅行、公路交通、出租车、铁路旅行、公共交通旅行、汽车维修、水上旅行。

（3）游览。旅游目的地和类型、中国主要旅游景点、中国历史年表、医疗卫生机构、教育机构、军队。

（4）娱乐。体育运动、节庆假日、娱乐文化、电视。

（5）购物。商场、商品、金融服务。

（6）饮食。饭店、餐馆，中餐菜谱、西餐菜谱、中外名酒、酒吧与鸡尾酒、酒业用语、非酒精饮料、甜品及其他食品。

（7）住宿。旅宿设施、管理与服务人员、服务与配套设施。

（8）信息。邮电通信、新闻机构、报刊出版、各类图书馆。

（9）职称、职位。专业技术职称、职位、学位及荣誉头衔，军衔、警衔。

（10）行业、行当。公司、工厂，生产、流通，建筑、装修，服务、技师，顾问、承包、经纪、代理，广告、促销。

（11）组织机构。中华人民共和国、全国人民代表大会、国务院、中国人民解放军、全国人民政治协商会议，司法、审判机构，群众团体和宗教团体，科研机构、团体，各类中心、学会，仪式。

在《公示语汉英翻译》（2007）一书中，王颖、吕和发根据在华工作、旅游的外籍人士和普通市民的社会行为和心理需求将公示语分为了 24 个类别：导向标志、“请”“不”、警示性公示语、公共提示、行为举止、行为步骤、规则要求、告示通知、作息时间、景点解说、地图示意、价格收费、票券票卡、中餐菜单、商店名称、商业推广、天气预报、标语口号、名片翻译、会展横幅、环境保护、荣誉证明、纪念标志。

在《公示语翻译》（2011）一书中，吕和发、蒋璐等把公示语进一步分为了 21 个类别：法规类公示语、环境保护公示语、景点牌示、停车场公示语、时间公示语、工装上的公示语、警示性公示语、步骤公示语、危机管理中的公示语、规则要求、纪念标志、交通工具上的公示语、招牌、商场公示语、住宿、禁止类公示语、饮食、残疾人设施、娱乐业公示语、新事、电子牌公示语。

在《汉英公共标示语翻译探究与示范》（2011）一书中，王晓明、周之南将公示语大致按其本质属性分为以下五种：

（1）名称类公示语。在公共场所的特定位置对人或物的名称所做的标注。例如：“Chang'an Avenue”（长安街）、“Beijing Railway Station”（北京火车站）、“International Office”（国际合作处）、“HIT Science Park”（哈尔滨工业大学科学园）等。

（2）警示类公示语。在公共场所以提醒或要求为目的，可再细分为指示性公示语、提示性公示语、限制性公示语和强制性公示语。例如：“Please Wait”（请稍候）、“Wheelchairs Available”（提供轮椅）、“Handle With Care”（小心轻放）、“Please Turn Off Cellphone”（请关闭通信工具）、“Baby Change”（婴儿换巾处）、“Swipe Your Card Here”（在此刷卡）、“Keep Away For Safety”（注意安全，请勿靠近）、“Female Only”（男士止步）等。

（3）引导类公示语。主要用于带领、指引公众完成某行为或某件事，经常出现在商品的外包装、公用物品和交通标识上。例如：“Automatic Tap”（伸手出水）、“Evacuation Chart”（安全疏散指示图）、“The Train Is Bound For…”（列车驶向……）、“Press This Button In Emergency”（发生紧急情况时，按此电钮报警）等。

（4）公益类公示语。在公共场所的标识上进行公益宣传的标语、口号、招贴类公示语。例如：“Thank You For Your Cooperation”（谢谢合作）、“Watch Your Hand”（小心夹手）、“Wishing the Conference a Success”（祝大会圆满成功）等。

（5）广告类公示语。主要利用公共场所的标识进行商业或服务业的促销类活动。例如：“New Arrivals”（新品上架）、“Free For Members”（会员免费）、“Thank You For Shopping with Us”（欢迎选购）等。

在《常用标志英文译法手册》（2012）一书中，杨永林采取了“功能视角，需求驱动；类别开放，动态添加；词表内容，随时更新”的分类方法，将双语公共标志初步确立为以下 11 个大类：

（1）通用标志（general signs）。通用标志一般设置在办公场所、娱乐场所、商场、宾馆、机场、车站、学校、建筑物、景点、医院等场所，为了顾客、游客、员工、行人、乘客的方便提供的提示服务。

（2）指示标志（directory signs）。指示标志一般设置在办公场所、娱乐场所、商场、宾馆、机场、车站、学校、街道、商业网点、建筑物、景点、医院等场所，是为了顾客、游客、员工、行人、乘客的安全做出的提示。

（3）街名标志（street name signs）。街名标志一般设置在公交车站、高速公路旁、城市内的铁路旁、城市内的交通枢纽、地铁车站内，是为行人、驾驶员、骑车人提供街道名称的信息服务。

（4）消防标志（fire signs）。消防标志一般设置在仓库、加油站、大中型超市、车站、物流中心、码头、商场、体育娱乐场所、办公楼、液化气站、机场、煤气站等，是为了预防火灾、开展消防救援、方便求生的需要而设置的一些与消防相关的信息。

（5）安全标志（safety signs）。安全标志一般设置在施工场地、办公场所、公共区域、车站、机场、码头等地点，是为了提示人们注意产品、设施、设备的安全问题而设置的与安全相关的信息。

（6）交通标志（traffic signs）。交通标志一般设置在城市的交通枢纽、车站周边、停车场、高速公路两旁、居民小区、街道两侧，旨在为行人、骑车人和驾驶员提供一些交通方面的信息。

（7）提示标志（caution signs）。提示标志一般设置在宾馆、办公场所、景点、施工场所、商场、机场、车站、公共场所，旨在为游客、乘客、员工、客户提供一些提示性的信息。

（8）通告标志（notice signs）。通告标志一般设置在机场、宾馆、公共场所、办公场所、商业性场所、单位机构、景点、码头、服务设施、车站等，旨在为旅客、员工、客户、游客提供一些通告性的信息。

（9）警示标志（warning signs）。警示标志一般设置在商场、大中型超市、机场、车站、娱乐场所、物流中心、仓库、液化气站、高压电线附近、体育场馆、煤气站、码头、加油站、配电设施附近，是为保证游客、乘客、客户、员工、顾客的人身安全、财物安全而提供的一些警示性的信息。

（10）危险标志（danger signs）。危险标志一般设置在地铁、城际铁路、施工场所、煤气站、危险道路、液化气站、物流中心、加油站、仓库等地，旨在保证操作安全、驾驶安全、人身安全、施工安全而设置的危险性提示信息。

（11）体育旅游标志（sports and travel signs）。此类标志是为了方便游客、顾客、观众、公众的娱乐、出行、旅游、健身等活动而提供的一些提示性的信息。

在《公示语翻译教程》（2013）一书中，吕和发、蒋璐等人将公示语依据其在实际应用中的示意功能划分为以下八类：

（1）指示类公示语。此类公示语为公众提供一些引导指示性的比较周到的信息提示内容，不包含强制性和限制性的意思。例如："UNDERGROUND"（地铁）、"Public Toilet"（公共厕所）、"Baby Change"（婴儿换巾处）、"Ticket & Travel Center"（票务与旅游中心）等。

（2）提示类公示语。这类公示语的用途比较广泛，对公众仅起到一种提示的作用，不具有特别的针对性。例如："Please Pay Here"（请在此交款）、"Please Keep Out Off the Grass"（请勿践踏草坪）、"Please Stand On the Right"（请右侧站立）、"Out of Use，Please Use the Other Door"（此门关闭请走旁门）等。

（3）限制类公示语。这类提示语的语气通常都比较直接，但不粗暴、不强硬，是对公众提出一些行为上的约束和限制。例如："Keep Clear Off the Edges"（勿靠两侧）、"Construction Site Keep Out"（施工现场禁止入内）、"Except Guide Dogs"（犬只禁入，导盲犬不限）等。

（4）强制类公示语。此类公示语的语气通常都非常直白和强硬，不具有商议的可能性，是要求相关人员必须做出什么样的举动，或者不允许采取什么样的举动。例如："Police Line Do Not Cross"（警戒线 勿超越）、"No Smoking Except In Designated Areas"（非指定地点严禁吸烟）等。

（5）解说类公示语。对城市、旅游目的地予以说明、解释，对服务城市和旅游目的地的文化、营销和现象进行定位，服务来访者和民众对于城市、旅游目的地与人文、自然景点的信息需求和体验追求，信息特点突出，呼唤性潜移默化。

（6）教育类公示语。以受众易于接受的形式提供，使公众了解、认识某些事物的信息，客观并带有呼唤性。例如："GRIDTIED PHOTOVOLTAICS"（电网连接的光伏发电）。

（7）推广类公示语。推广思想文化理念和商品信息，以呼唤型为主，文字处理新颖夺目。例如："Refundable and Exchangeable"（可退可换）、"Ends of Season Clearance"（季末清仓甩卖）、"Working Together For a Cleaner Thames"（一起努力，使泰晤士河更清澈）等。

（8）管理类公示语。包括结构管理、设施管理、景点管理、危机管理等公示语。例如："Administration Area"（行政管理区）、"Press this button for emergency call"（遇紧急情况按此键）、"Safety helmets must be worn on this site"（本区域所有人员必须戴安全帽）等。

第三节 公示语翻译的方法

一、公示语翻译方法的概况

在 2002~2010 年间发表的 527 篇公示语翻译研究文章中，国内学者们在论文中提及或建议采用的公示语翻译策略（作者注：这里实为"公示语翻译方法"之误）包括 29 类 / 种。

随着时代的发展及研究的深入，专业人士对于公示性用语翻译方法的建议也在不断变化。通过对一些常用翻译方法进行分析可以看出，人们对于"直译法"、"仿译法"和"交际翻译法"的关注度开始有所下降，对其他几种翻译法的关注度有所上升，尤其是对"借用"翻译法的关注度和推荐度有了大幅度上升。（邹彦群、满颖、孟艳梅，2011）

二、公示语翻译方法的演进

公示语翻译看起来只有区区几个字，似乎是个"小问题"，可是要做好它，就会发现里面是"大有文章"的，所以这个"小题"应该"大做"，也必须"大做"；不仅可为，而且大有可为。

指出问题、分析问题都是为了解决问题。从 20 世纪 90 年代开始，绝大部分关于公示性用语的英语翻译的论文都会提及翻译的策略和方法，且多数颇为清晰、具体，许多学者对公示语的翻译方法进行了多方面的实证研究和探讨。

（1）2001 年，李欣老师在论文《外宣翻译中的"译前处理"——天津电视台国际部（中国·天津）的个案分析》中认为，对外宣传翻译有其特定受众与特殊目的，为实现更好的对外宣传效果，有必要对中文稿的语言进行适当的"译前处理"——

从词句到风格、从局部到整体对原文进行调整、增删、编辑和加工的行为，并结合从事《中国·天津》栏目英文翻译的体会探讨了对外宣翻译材料进行“译前处理”的原则和方法。

（2）2002 年，黄忠廉教授通过《变译理论》一书在中国译学界第一次提出了变译理论，并指出，变译（也称为“变通翻译”或“非完整性翻译”）是相对于全译提出来的，是指译者根据特定条件下特定读者的特殊需求采用增（可分为释、评、写）、减、编（包括编选、编排、编写、调整等）、述（包括转述或定向复述）、缩、并、改等变通手段摄取原作有关内容的翻译活动，至少可以构织成 11 种变译的方法，包括缩译法、译评、改译法、编译法、摘译法、述评法、译写、阐译法、参译法、译述。

吴云（2004）、王凤林（2008）、王颖（2011）、赵娜娜（2012）、杨丽梅（2013）、周梅（2015）、罗建生和李敏杰（2015）等认为，变译理论为服务行业公示语的英译提供了一个全新的理论基础，探讨了具体变译策略在公示语翻译中的应用。

（3）2003 年，林克难、籍明文两位教授在《应用英语翻译呼唤理论指导》一文中套用严复的“信、达、雅”模式，把应用英语翻译的指导原则总结为三个字“看、译、写”（read，translate and write）。

这里所说的“看”指的是，要求翻译者对各类关于英语应用的真实材料进行大量的阅读。应用英语翻译三字诀中的第二字是“译”。必须指出的是，关于“译”指的是对相似情景的英语材料加以灵活借鉴，按照参考材料的特殊用语、表达手法、文章格式把相应的意思恰当而准确地表述出来，而不是简单地按原文照翻照搬。应用翻译三字诀的最后一个字是“写”。应用英语翻译是一种功能性很强的文体，相对适宜的程序是，发起人应当把要翻译的主要内容提前传达给译者，随后由译者根据自己的理解选择恰当的文体格式去创作。这比第一种办法“译”还要好。译者有更多的自由发挥的机会，可以更加充分地运用自己对有关文体的知识，译出更加符合读者欣赏习惯的文字来。

（4）2005 年，卞正东老师在论文《论标示语的翻译》中指出，应当把标示语翻译的重点放在将表达的方式进行变通、令读者的接受性更高上。在对图片以及雕塑的相关主题进行说明时，会用到说明类标示语。这种标示语可以采取以下五类办法来标示：1）改写。在对翔实的背景知识和资料进行掌握的基础上对原文进行改写；2）增补；3）重组；4）释义；5）借鉴：有时译员可直接借鉴一些成功的译法。

（5）2005 年，戴宗显和吕和发两位教授在《公示语汉英翻译研究——以 2012 年奥运会主办城市伦敦为例》中提出公示语翻译时应当尽可能地选用简单、省力的方式来进行语言的表达，这也被称为“省力原则”。

（6）2006 年，丁衡祁教授在论文《汉英翻译实践是再创作的过程》中认为，应当提高汉英翻译的质量，将可读性原则贯穿于翻译的整个过程中，以期达到更好的宣传效果。译者在翻译开始前，要先从不同的角度来进行认真的构思，对译文结构、用语进行精心设计，要对译文资料先进行内容梳理、调整结构，归纳各层次要表达的核心意思，然后提炼出中心思想，再开展调研，最后开展传译，这是一个复杂的过程。改写或重写式的翻译、调整或梳理型的翻译、深加工或精加工式的翻译以及根据原文另行创作等都是复杂的再创作过程。

（7）2006 年，丁衡祁教授又在《努力完善城市公示语逐步确定参照性译文》一文中指出，公示语可以采取三种不同的翻译方法，即模仿式翻译、借用式翻译、创新式翻译。在翻译公示语时，必须充分考虑和尊重英语的表达习惯。

（8）2006 年，贺学耘教授在《汉英公示语翻译的现状及其交际翻译策略》一文中，在探讨公示语文本类型的基础上，总结了适用于公示语翻译的相关策略。他认为，译者在翻译公示语时，应当对公示语的相关特点充分加以了解，掌握公示语的功能，理解公示语的意义，明晰公示语中汉语和英语明显的文化差异，要充分遵从于读者的文化习惯，这样翻译出来的公示语才能恰当而富有意义。

（9）2007 年，牛新生副教授在其文章《从感召功能看汉语公示语英译：以宁波城市公示语为例》中提出，汉语公示语英译应从感召功能入手，注重交际翻译法的应用，把整个公示语文本作为一个翻译单位。整个翻译工作的中心是读者，公示语应达到的良好效果就是翻译的最终目标，要通过公示语达成文本同读者的良性互动。公示语翻译中常用的三种翻译方法是仿译法、借译法和创译法。第一，仿译法。仿译法又分为两种：一种是对英语原文的公示语进行模仿，让译文与地道的英语尽量相仿；另一种是模仿英语中的诗歌、名人名言或谚语，在汉语广告的翻译中常用到这种译法。第二，借译法。借译法指的是借用英语中原本存在的公示语。第三，创译法。在将公示语翻译成汉语时，大多数情况下英语中没有现成的公示语可供模仿、借鉴或使用，一般这类公示语的中国色彩比较浓厚，特别是在一些标语、广告和告示中。在对这类公示语进行翻译时，就需要完全颠覆汉语原有的模式，进行创作性的翻译，这就是创译。

（10）2007 年，林克难教授在其论文《从信达雅、看易写到模仿—借用—创新——必须重视实用翻译理论建设》中总结了自严复提出“信达雅”翻译理论之后，实用翻译的实践步伐要远远超前于实用翻译的理论研究进程。他指出，实用翻译理论自“看易写”和模仿、借用、创新型的翻译理论创立后，打开了新的局面，成了一种实用的翻译原则。

（11）2007 年，龙江华老师在其文章《武汉城市形象建设与公示语汉英翻译》中指出，公示语翻译过程中要坚持以下原则：一是规范性、沿袭性和标准性。二是可接受性和交际性。公示语翻译的最终归宿仍是目的语，所以译语读者是否能够接受应该是首先考虑的要素。另外还要考虑译文的交际目的和译文类型的选择。

（12）2007 年，林庆扬副教授在其论文《我国公示语翻译研究述评》中认为，有些标示语中国和外国都会使用，对于这类公示语，可以直接照搬照抄过来，不必再去刻意采用特殊的方法翻译；有些公示语中国色彩浓厚，但又必须进行翻译，对于这类公示语应当由专家来进行翻译，再经中国和外国的专家一起合议，意见相符无异议才可开始使用。这类译语如果在使用过程中发现问题，应当及时加以修订。还有一些公示语是只给中国人看的，这类公示语不必进行翻译。

译文不仅要考虑到英语读者的感受，也可以从中国英语的角度出发来尝试读者对译文的接受性，当然前提是要与英语的表达习惯相符，避免产生误解和偏颇，要与原文的目的保持一致。我们可以对一些相邻国家公示语的翻译方式加以借鉴。

（13）2007 年，王颖、吕和发两位教授在《公示语汉英翻译》一书中指出，公示语的翻译过程包括传播、转化和回译，从对整个过程进行分析可以看出，译出语发出者所发出的信息的最原始接受者也是译入语的传播者。把汉语形式的公示语翻译成为功能相同的英语公示语要更精确，也更具操作性。

（14）2008 年，牛新生副教授又在论文《公示语文本类型与翻译探析》中指出，公示语实际上是一种感召型的文本，感召的功能通常包括警示、告示、劝导、宣传、指示等。在对汉语的公示语进行翻译时，要突出公示语的感召功能。在翻译公示语时不必刻板地遵循汉语的语言模式，而应该按照英语的语言模式和文化习惯来进行，这样翻译出来的公示语才能达到应有的效果。翻译时可以按照不同的情况、不同的需要或用借译法，或用仿译法，或用创译法。

（15）2008 年，夏康明教授在《公共标牌和标识英译指瑕》一文中指出，公共标牌和标识英译时多借用英语标牌和标识中类似的表达方式，采用“借用”（borrowing）和“回译”（back translation）的方法来进行翻译，还应尽量避免翻译时出现语法、用法、搭配及常识性错误。

（16）2009 年，刘美岩副教授、胡毅硕士生在文章《公示语英译错误分析及对策》中提出了三条公示语翻译策略：

第一，模仿、借用和创新译法。公示语的翻译过程中，可以按照不同的情形采用不用的翻译方式。当英语中有相对应的、现成的表达方式时，可以照搬过来直接加以使用；当英语里有类似的表达方式时，可以进行参照，通过嫁接和改编的方式来加以使用；当英语里既无相同的也无相似的内容可供使用时，则需要按照英语的思维方式来进行创造性的翻译。

第二，翻译方法由翻译的目的决定。文化习惯、使用场合等多种因素都会对公示语的翻译过程产生影响，这是一个复杂的工程。翻译时原文所能起到的作用只是提供一些有用的信息，译者在翻译的过程中必须要考虑到怎样使译文与新的环境相适应，怎样令译文的功能得到最好的展现，怎样才能更好地满足读者的需要。要对译文的交际功能进行准确的预期，并据此来确定翻译的方法和策略。翻译的过程中，译文并不需要与原文完全对等，否则有些情况下反而会破坏译文的交际功能的发挥。

第三，译文的形式要恰当，要以突出中心思想为主。译者要预先分析原文的概念，准确理解原文所要表达的意思，对原文的表象进行推理、进行判断，准确理解原文的意义，掌握其语言的风格，把握原文意义的转换、形式的转换。不能简单生硬地对原文进行逐字逐句的词语替代，否则容易引起意思的歪曲和误解。

（17）2010 年，薛红果老师在《公示语的英译错误分析及其矫治》一文中提出了关于公示语翻译的两种比较实用、准确的策略：

一是借用法。这是公示语翻译中最为简单的一种翻译方式，指的是对国外已经在使用中的公示语直接加以套用。首先，对国外特别是北美国家在用的公示语进行广泛的查阅，结合本国的实际筛选出适当内容；其次，采用本地行动的视角，将那些原汁原味的英语翻译借用到具体的汉语公示语中。

二是创译法。如果是国外没有的公示语，可以根据公示语的翻译原则并遵循英语思维表达习惯进行翻译，不必一一对应。

（18）2011 年，李佺俐老师等人在其论文《汉语公示语英译的理论基础、基本原则和方法》提出了一些可行的汉语公示语英译的主要方法：

第一，借译。

第二，仿译。

第三，创译。

（19）2011 年，王晓明、周之南老师在《汉英公共标示语翻译探究与示范》一书中提出了五种公示语翻译的基本方法：

第一，完全对应法，又可称为完全替代法。对英语中早已有的公示语，可以直接与汉语公示语搭配，做成双语标识。这样既节省了时间和精力、提高了翻译的效率，译文又地道，符合英语的习惯表达方式，容易被外国受众理解。

第二，部分对应法。许许多多具有国家特色、地方特色、民族特色，在特定的时间场合针对特定人群颁布的公示语，一个较为简单而且容易操作的方法就是部分对应。简言之，部分对应就是在翻译公示语时套用英语公示语中常见的句型结构和短语，只翻译无法对应的部分。

第三，创造新译法（属于直译的范畴）。在公示语的翻译过程中，如果前面的两种方法都不奏效，没有现成的范例可以参照，就只好译者自己翻译了。这种情况多见于有中国特色的商品、土特产、旅游景点、食物菜品等翻译以及广告语、标语等具有时效性和地域性的公示语翻译。要独立做好公示语的英译，必须了解汉英两种语言文化的差异以及它们体现在公示语中的差异，当然还有公示语英译的一般原则。

第四，功能对等法，亦称意译法。指的是在对原文的交际功能以及性质进行确认后，将相应的内容用英语表达出来，达到与原文基本相同的功能，与原文的交际目的保持一致。根据此法完成的译文可以不对应汉语的原文。

第五，不译法。在中国，有些公示语的交际对象只限于中国人，与外宾没有多少关系，那就不需要译成英文。

（20）2012年，潘月明、郭秀芝两位老师在《高校译名回译难 春风难度“大学”关——以国内理工大学校名英译为例》一文中指出，在我国仅“理工大学”的校名就有十种翻译方法。经过对这些学校译名的整理和分析，以及对国外高校校名进行参考借鉴，并利用“回译”的方式进行检验，最终确定并规范了“理工大学”的英文校名。

（21）2012年，夏康明教授的文章《基于旅游公示语英译国际化原则的“回译”和“借用”策略》基于旅游公示语英译国际化原则的必要性和重要性，从跨文化交际的角度研究了英译国际化的两条重要原则，即符合英语公示语使用的国际语言惯例和国际语境，并提出了其英译国际化的主要翻译策略“回译”和“借用”视角下的若干行之有效的翻译方法。

（22）2014年，顾红、丁晓蔚和张群星三位老师在《从功能翻译理论看汉语公示语的英译》一文中将中文的公示语分为以下两类：一类是中国文化特色浓郁的公示语；另一类是在英语中能够找到类似对应的公示语。由此提出了恰当的翻译策略及方法：译入语中有对等的公示语，应采用等功能工具翻译，具体可使用借译、转化和增译等翻译方法；具有中国文化特色的公示语，译者可以做出删减或改写，甚至采用“零翻译”策略。

（23）2015年，李丽春老师在其文章《功能文本类型理论视角下的公示语翻译——以广西公示语为例》提出，作为一种具备感召功能的文本，对公示语翻译时要做到以读者为核心，以文本效果为目的，并在此基础上根据具体情况采用灵活多变的翻译方法：1）套译；2）改译；3）创译；4）零翻译。

不难看出，翻译公示语时不能仅仅做一个简单的文本意思的转达。所以无论采取什么样的翻译手法，译者必须对原文的语言和译入语的语言及其文化背景有一个深刻的了解和研究，要掌握公示语语体的具体特点，要用通俗易懂的文字把信息传递给读者，两种文字要能够融会贯通，这样才能真正将公示语的效果体现出来。

上述研究大多是针对某个城市或某个景点的公示语来进行的，对这些场所设置的公示语中出现的错误进行了分类和总结，提出了公示语翻译的各种方法与对策，但彼此说法各异，策略、方法与原则等概念不免混为一谈。仍然需要指出的是，这些成果大都是以个案的形式来分析公示语翻译的实践，未免有些单薄，给人一管窥豹的感觉。这里特别要提出的是“模仿—借用—创新”的模式，这是由丁衡祁教授提出的，是公示语翻译的权威性理论和模式，之后很多种翻译法都是在此基础上产生的。当然，黄忠廉教授2002年提出的变译理论对我们也很富有启发性，完全可以作为汉语公示语翻译的一个整体实践思路。

第四节　公示语的文体风格及其展现形式

一、公示语的文体风格

在国际的社会、文化、经济发展进程中，作为一种特殊的语言现象出现在社会公众场合的公示语，无论是汉语还是英语以及其他语种，都为提高生产和生活的效益发挥了显著的作用。公示语具有独特的语言风格和特点，使其与其他文本具有明显差异。有的学者通过研究公示语的语言风格、形式、范围和目的等，总结了不同公示语的总体特点。公示语多为“信息型”和“诱导型”文本，按照汉语和英语两种公示语的各自特点，可以发现它们普遍存在以下几点共性。

（一）公众性

公示语最重要的特点就是公众性。一般的公示语都会出现在社会公众比较集中的公共场所，并且容易被社会公众所理解。由于它的使用数量大、涵盖范围广、区分种类多，所以公示语的社会公众性特别明显。

（二）功利性

公示语的发出者为了能明确地表达出自己的要求和愿望，所设计的公示语都带有强烈的目的性。无论是来自个人还是群体，或者社会组织以及政府机构，所有的公示语都是有为而发，反映出当时社会背景下的历史需求。

（三）能产性

一些被公众所熟知的固定格式的公示语由于传播速度快、使用非常频繁，因此带有很强的能产性。

（四）直接性

公示语不同于文学作品中使用的文学语言，它没有华丽的辞藻或深奥的术语，更不会委婉间接地传递信息，也不会使用人们陌生的单词。为了让公众能够快速地明白公示语的意思，并及时采取相应的行动，它总是把明确的信息或指令直截了当地传向公众。

（五）简明性

在众多的语言风格中，简明扼要是各种公示语最突出的特点。由于现在的社会环境和使用公示语的语言环境都在讲求高效率，所以公示语必须用最精练的语言传递最大的信息量，并且要集中突出信息的焦点，表明强烈的目的。一般的汉英公示语都会采用简单的语法结构和通用的词汇，与其他的语言相比，它的语言形式是非常精简的。

经过公共场所的人们大多数都比较匆忙，无暇顾及公示语更深层次的含义，加之可用空间有限，这都要求公示语必须在极短时间内传递出准确的信息。翻译者一定要重视公示语的这个特征，尽量不使用陌生的单词、词汇和复杂的句子结构，最大限度地用直观的短语和词组传递信息，来充分展示公示语简洁精确的语言风格。

（六）规约性

生活在大城市中的人们，经常碰到和关注身边的公示语，公示语成了生活、工作和学习的重要组成部分。伴随着城市国际化程度的逐渐增高，英语公示语的作用也越来越明显。只有遵循英语公示语的固定用法和惯例，才能保证其可以被广大民众理解和接受。

（七）创新性

为了能准确吸引公众的注意力，并鲜明地表达出公示语追求功利性的效果，其设计内容往往具有很强的创新性。只有那些新奇幽默的公示语，才能给人们带来更加深刻的记忆。

二、公示语的展现形式

公示语的展现形式包括字体选择、大小写处理、竖式编排、色彩使用等，这些手段选用得当势必强化信息内涵，提高公众关注度和信息传播精准度。（吕和发、蒋璐，等，2013）

（一）公示语的字体

1. 英文字体的分类

英文字体是拉丁字母的形式，通常按照字形来分类，各式字体的造型特点各不相同。

（1）衬线字体。衬线字体是字符笔画起止处有额外装饰、笔画粗细会根据笔画走向有所不同的字体。常用的衬线字体有 Times New Roman、Georgia 等，其仍然是目前报纸杂志正文常用的字体。中文里所使用的宋体就是衬线字体。

（2）无衬线字体。无衬线字体是指没有衬线的字体。常用的无衬线字体有 Arial、Verdana、Tahoma 等。中文里所使用的黑体就是无衬线字体。

（3）等宽字体。等宽字体是每个字符宽带都一样的字体，多用于数据报表和编程。Courier 是最常用的等宽字体，但等宽字体也可以是衬线字体或者无衬线字体。

（4）手写体。手写体（script）即手写风格字体。手写体流畅优美，富有笔画间连接的视觉流动感和灵活性。

（5）雕像字体。雕像字体（glyphic）以石刻而非纸上绘制为基础，字符的笔触对比不明显，常作为全大写字母使用。

（6）黑体。黑体（black letter）因笔画比较粗，导致页面黑度高而得名，也被称为哥特体（Gothic）和旧英格兰体（Old England）。

（7）装饰字体。装饰字体（decorative）形式或精美复杂或极其抽象，常根据历史风貌特点和当时视觉文化风尚演变而来。很多装饰字体没有小写，标点符号也不完整。

2. 英文字体的选用原则和标准

英文字体多以活字设计者、雕刻者、活字铸造者或伟人的名字命名，种类极为丰富，有成千上万种，因此选用时要遵循一定的原则和标准。

（1）字体的选用原则。字体选用的主要目的是更有效地传播信息，所以字体的选择和运用要“以人为本”。因此，字体的选用应遵循“传递信息功能第一、美感形式第二”的原则。也就是说，字体的选用应以实用为原则，美感和艺术性要服务于实用功能，不能过分突出艺术和个性。

（2）字体的选用标准：

第一，易读性。即字体从宏观、整体上对读者的吸引力，指字体的总体阅读感受。

第二，识别性。指在正常阅读条件下，字体从微观上，即字母、单词、语句等局部元素能否被识别辨认。

第三，一致性。指字体要与周围环境相协调、与内容相匹配；同时如果信息内容相同，字体要统一。

第四，美观性。指字体的视觉形态富有美感，让阅读者感到愉悦、舒畅。

3. 公示语字体的应用

除了文字表面的概念性意思以外，公示语在文字视觉上的表现形式也决定了其信息传递的效率。公示语字体选用得当，可以有效地实现公示语指示、提示、限制、强制、警示、解释、教育等功能。

（二）公示语的大小写

每个公示语书写都涉及大小写问题。大小写不仅仅是形式，它还可以使公示语或正式或随意，或严肃或有亲和力，或有距离感或有亲近感。公示语文字大小写不同展现出不同的信息氛围，带给人们不同的感受。

1. 字母全部大写

英语公示语文本相当一部分以所有字母都大写的形式呈现，这样使标识正式、严肃、有距离感，从而起到指示或警告的作用。此种形式包括两个单词的简短标识，也有多个单词或句子的复杂标识，多为警示性、提示性、介绍性信息。

2. 首字母大写

（1）实词、虚词首字母均大写。实词、虚词首字母均大写，既可以是短语，也可以是句子，既有信息性公示语，也有禁止性公示语。

（2）实词首字母大写、虚词小写。实词首字母大写、虚词小写，这样处理的公示语多为提示性、介绍性信息，其容易辨识，重点突出，错落有致。

3. 某个单词大写

某个单词大写，关键信息突出醒目，效果显著，常见于警示性、指示性、呼唤性公示语。

4. 大小写结合

（1）以大写形式写出核心内容，以小写形式标出附属解释。这是解说性公示语和规约性等语篇最常用的书写形式，即典型的将标题大写，具体介绍小写。

（2）小写标出核心内容，大写提供附属信息。这种公示语多见于海报，应当说这是一种艺术化的处理策略，其闲逸特点跃然眼前。

5. 全部小写

全部小写，亲切亲和，没有距离感，便于识别。这样书写的公示语包括指示性及指令性信息，但大多为宣传、呼唤性信息。

（三）公示语的竖排

长期以来，英语以横向排列的方式书写、印刷，所以，大多数英语公示语都以横向排列的方式呈现，但也出现了一些以竖向排列方式呈现的英语公示语。公示语是以标牌为载体向人们传达信息的一种方式，都需以一定的载体为媒介传达内容。因此，公示语文字排列涉及两个因素，即构成信息的单词和承载信息的载体。

1. 空间或载体限制

单词过长，无法横向排列，或者由于空间或载体的限制，一些公示语只能以竖立形式呈现，这是绝大多数英语公示语竖向排列的主要原因。

2. 环境与受众行为

现代都市是公示语或广告的海洋。信息接收者畅游其中，竖排标识在视域缝隙中脱颖而出、极为醒目，标新立异，吸引眼球的效果比其他复杂手段还要显著。

3. 导向指示

竖向排列字母，加上箭头的作用，使标牌具有鲜明的方向性及指向性。当然，竖旗还可采取字母横躺竖式排列、横竖交叉排列等灵活变化形式。

（四）公示语的色彩

在不同的国家和民族中，不同的颜色代表了不同的含义。国际标准化组织和世界旅游组织等明确规定了各种色彩在传播公共信息过程中的意义，以便于世界各国人民正常的交流和往来。

1. 公示语中色彩的内涵

在公示语中，主要会用到以下六种颜色：

（1）红色。对人视觉刺激最为强烈的颜色，它能对人们的心理产生刺激和兴奋神经系统，其有增加肾上腺素分泌和增进血液循环的功能，所以它常用来作为危险、禁止、限制、促销等公示语文字和背景用色。

（2）黄色。明视度较高，可以有效地刺激神经；在公示语标示用色中，黄色是警告危险色，常用来警告危险或提醒注意。

（3）蓝色。能降低脉搏，调整体内平衡；在公示语标示用色中，多用蓝色的文字或底色来表示信息性的信息。

（4）绿色。平静的颜色，有镇静作用，在公示语中表示指示性信息。

（5）黑色、白色。这两种颜色构成色彩的反差，效果明显，易于信息接收者阅读。它们也是广泛使用于公示语一般信息传播的主要文字或背景的色彩。

2. 色彩在公示语中的应用

由于公示语的功能不同，为了使各种功能的公示语更有效地发挥作用，不同的公示语类别会选择具有不同心理暗示的颜色来协助实现这个目标。

（1）红色在公示语中的应用。红色是一种热烈的、带有一定冲动性的色彩，它可以加快人们的血液循环和提高肌肉的能动性。正是因为红色更容易引起人们的注意，具有较佳的明示效果，常被用来作为警告、危险、禁止、促销等标示用色。

（2）黄色在公示语中的应用。黄色在公示语中是警告危险色，常用来警告危险或提醒注意。使用黄色提示危险或提醒注意时，其经常作为底色，公示语文字配有 CAUTION（小心）、NOTICE（注意）、WARNING（警告）等黑色文字。

（3）蓝色在公示语中的应用。蓝色是冷色调，可以安定情绪。在公示语使用中，蓝色主要表示指示性的信息；蓝色作为底色，配以白色文字提示，清晰醒目。这些信息有助于人们寻找相应的地方和公共设施，并明确如何到达目的地或找到公共设施。

（4）绿色在公示语中的应用。绿色是和平颜色，公示语文字或背景经常使用绿色，如在服务业、卫生保健业等。有时为了避免视觉疲劳，绿色公示语经常在公路的主干道做导向提示出现，有时也出现在其他交通工具的导向标志中。同时，绿色是大自然的颜色，在生活中经常使用绿色来表示环保。

（5）黑色、白色在公示语中的应用。黑色、白色两种颜色组合所传达的是一种严肃、客观的心理暗示，所以，在公示语使用中，黑、白的搭配表示一般性提示信息。

第五节　公示语翻译的现状研究及基本问题

一、公示语翻译的现状研究

（一）公示语翻译研究的发展历程

在中国，作为公开面对公众的指示、提示、宣传和警示等作用的语言文字及其辅助图形和符号等很早以前就获得了广泛的使用，然而公示语的翻译近些年才得到重视，公示语翻译研究还属于应用翻译研究中的新课题。目前国内翻译界的相关研究还处于初步阶段，而且缺乏体系性与规范性。我国公示语翻译研究与规范建设是一个从无到有、由浅入深、由表及里、由服务大型国际活动的急需到服务世界城市和国际旅游目的地长远发展的过程。

根据最新的“CNKI 学术趋势图”显示，对于公示语翻译研究的关注情况经历了四个时期的变化。

1. 起始（萌芽）阶段：2000 年以前，关注度基本为零

在我国并没有明确的公示语翻译研究开始的标志，学术界对此也没有形成共识。根据对相关论文的检索，国内学者对公示语及其汉英互译的研究可追溯到 20 世纪 80 年代末至 90 年代初，只不过并没有使用“公示语”这一说法。在 1989 年的一篇论文《企业名称的翻译问题》中讨论了企业英译名称问题，是国内公示语翻译研究方面的首探。同年，已故地图学家曾世英先生的文章《关于我国地名拼音的商榷》论述了在地图上如何拼写地名通名的问题，也是较早涉及公示语汉译英问题的文章之一。

1990 年，段连城在其论文《呼吁：请译界同仁都来关心对外宣传》中指出了一些旅游景区的旅客须知和宾馆指示牌存在的翻译错误。1994 年，向阳在其发表的论文《谈我国街道名称的英译》中提出，确定我国街道的英译名称时有两点注意事项，一是英译名的阅读对象是不会汉语的外国人；二是使用译名要符合规范。1998 年，语言学家何自然先生在其主编的《社会语用论文集》中首次从语用学的角度关注公示语的英译及语用失误问题；倪传斌和刘治在《标记语的英译原则及实例分析》一文中提出了将原文为汉语的标记语翻译为英语时需要遵循的五项原则，即规范化、明了、简洁、语气得当、适度诙谐。

在此之后，国内期刊也零散刊登过一些公示语翻译研究的论文，然而关于这项话题的研究既没有引起重视，也没有形成体系。

2. 低速发展阶段：2000~2004 年，关注度低而平稳

进入 21 世纪后，中国与世界各国的交流日益增多，国内的双语公示语越来越多，公示语翻译逐渐引起了我国社会以及翻译界的学者、专家的广泛关注。20 世纪的公示语翻译研究还仅仅将重点放在翻译错误的分析上，但是 21 世纪以后，公示语翻译研究取得了重大的突破，即开始寻求理论支撑。

北京第二外国语学院于2002年成立了公示语翻译研究中心，并且立项资助“汉英公示语翻译研究”这一课题；在单爱民和北竹的论文《谈英语公示用语的语言特点与汉英翻译》中，首次正式启用了“公示（用）语”这一名称。2003 年，该课题组开通了“汉英公示语研究在线网站”；与此同时，其他网站也专门开辟专栏讨论公示语翻译问题，越来越多的研究者开始关注公示语翻译。

除阅读相关书籍外，作者对 Google、百度等搜索引擎以及 CNKI 和 EBSCO 文献数据库进行检索后发现，此期间仅有 10 篇相关论文：2000 年，李克兴的《试析深圳的英语弊病及翻译谬误》、王银泉的《公共场所的英语翻译错误拾零》；2002 年，北竹和单爱民的《谈英语公示用语的语言特点与汉英翻译》、梁志坚的《等效、视点转换与揭示语的英译》；2003 年，粟长江的《公安标示语和警示语的英译》、赵小沛的《公示语翻译中的语用失误探析》；2004 年，吕和发的《公示语的汉英翻译》、万正方等人的《必须重视城市街道商店和单位名称的翻译——对上海部分著名路段商店和单位牌名与翻译错误的调查》、李怀奎和李怀宏的《景观标识名称汉译英的语用等效研究》、王银泉和陈新仁的《城市标识用语英译失误及其实例剖析》。

3. 快速发展阶段：2005~2007 年，关注度直线上升

从严格意义上说，我国对于公示语翻译正式的、有组织、有规模的研究起始于 2005 年在北京召开的第一届全国公示语翻译研讨会。随着第一届（2005 年）、第二届（2007 年）全国公示语翻译研讨会分别在北京第二外国语学院和上海同济大学召开，国内公示语翻译研究日渐引起中国翻译界学者的普遍关注，不少学者开始探讨公示语的特点与翻译，公示语翻译研究随后迅速发展，参与面逐步扩大，逐步呈现出多彩纷呈的局面。

4. 高速发展阶段：2008 年之后，关注度进一步提高

2008 年之后，随着“北京奥运会”、“北京世界翻译大会”和“上海世博会”的成功举办以及我国在科学技术、经济发展、对外贸易、文化交流、体育项目、旅游开发等方面的发展，有关公示语的研究进入了一个前所未有的时期，除了在各类学术专业期刊上涌现出大批公示语翻译研究的论文，公示语翻译研究也一跃成为我国翻译研究中的着重点，其研究成果的总数远远超过了法律翻译、旅游翻译和新闻翻译等应用翻译领域。我国的公示语翻译研究试图以中国的文化传统来对全球化的语言文化和语境进行诠释，目前已经走上了规范、有序的良性发展轨

道；2014年9月，第三届全国公示语翻译研讨会的召开标志着我国的公示语翻译研究进入了一个新的高度和发展阶段。

实际上，也可以把上面的四个阶段简化为两个阶段之说：一是20世纪阶段和21世纪阶段，二是2005年以前阶段和2005年之后阶段，三是奥运前阶段和奥运后阶段（吕和发、蒋璐、王同军等人在2011年出版的专著《公示语汉英翻译错误分析与规范》中就持有类似的“两段说”观点）。

（二）公示语及其翻译研究的主要表现

总体来看，我国公示语及其翻译的研究主要表现出了以下5个方面的特点。

1. 研究层次不断深入、研究视角趋向多元

最初的研究只是对于错误翻译的收集，从语法和词汇选择的角度进行分析，然后提出修改意见；之后逐渐在对错误的分析过程中引入了对于语言特点、中西文化差异和文化内涵的讨论；最后则在公示语的翻译研究中应用了社会符号学和语用学等理论研究成果。在近十多年以来，对于公示语的研究不断深化，取得了一次又一次的新突破。从早先的对于公示语功能、语言风格和定义等基本概念的多重阐释，以及运用单一的翻译理论来进行公示语翻译的实践探讨，发展为运用多视角、多维度的翻译理论确立公示语翻译的原则、策略和具体方法。据统计，运用到公示语翻译研究中的翻译理论多达40余种。

2. 研究成果极其丰硕、多样化并及时总结

据笔者的统计，在国内学术期刊上有超过500篇的论文是关于公示语翻译研究的；其研究者不仅包括青年学者，而且还有众多知名专家。除此之外，对于公示语翻译的功能和范围等课题的研究与其他学科诸如美学、法律、生态学等产生交叉，使研究有了新的发展；2006年之后，公示语翻译研究领域中出现了新的趋势，即通过实证研究和定量分析调查数据的方式对公示语翻译的现状进行分析，发现其中存在的问题，并提出解决方案。

3. 研究规模从个人研究向集体研究发展

在个人研究之外，出现了越来越多的集体研究项目。北京第二外国语学院在2002年成立了汉英公示语研究中心，促使了我国公示语翻译领域的集体研究的产生；研究员们不仅发表相关论文，开展实证研究，而且还组织本校学生参与公示语翻译现状的调查。除此之外，中国翻译协会对于公示语翻译研究也起到了引领的作用。协会组织过大量相关课题的研讨会，其中最为重要的是2005年的首届全国公示语翻译研讨会。众多翻译界的专家和学者参与了这一会议，呼吁提高对于公示语翻译的重视度，强调了该研究对于翻译实践的重要意义，并要求展开更为深入的研究工作。第二届公示语翻译研讨会于2007年举行，对于公示语翻译研究中众多方面的问题进行了具体的讨论，提倡对公示语语言环境进行优化。

2014年在北京举办了第三届公示语翻译研讨会，与会者从多层次、多视角分析了公示语在树立良好文化形象、国家形象中的独特价值，探讨了该领域翻译面临的问题与挑战。除此之外，各个高校的外语院系和地方翻译协会也积极地推动公示语翻译的集体研究活动的开展。大批相关研究课题得以立项并实施，这也有利于规范当地的公示语翻译行为。

4. 研究视域从国内主要城市向国外城市以及港澳地区铺开，从国内向港澳地区以及国外延伸

实例取证的研究活动最早在国内主要城市开展。首届全国公示语翻译研讨会提出开展“完善城市公示语翻译”的活动，而首批试点城市定在几个国内的大城市，包括北京、广州和上海。发展至今，这一活动已经以极快的速度扩展到众多中小城市，包括云南玉溪、湖南衡阳、四川泸州、青海西宁、安徽芜湖以及河北秦皇岛等。此外，考察研究也从国内扩展到港澳地区和扩展到国外。澳门大学曾资助张美芳负责的“澳门公共牌示语言研究”项目，对澳门当地的多语公示牌翻译问题进行研究。北京第二外国语学院也在2004年和2005年两次派出研究组前往欧洲，考察了11个国家共17座城市的公示语，收集了大批一手资料，包括3000多张相关图片和10小时的录像。

5. 相关地方性规范标准时有出台

省、市级的地方质量技术监督局陆续出台了公示语翻译的地方标准，例如：2006年的成都市《公共场所双语标志英文译法第1部分：道路交通和旅游景点》、北京市《公共场所双语标识英文译法及实施指南》，2007年的《青岛市公共标识英文译法》；2008年的山东省《公共场所双语标识英文译法》，成都市《公共场所双语标志英文译法第2部分：商业零售业》《公共场所双语标志英文译法第3部分：运动健身》《公共场所双语标志英文译法第4部分：医疗卫生》《佛山市公共场所中文名称英译参考标准》；2009年的上海市《公共场所英文译写规范》、广东省发布的《公共标志英文译法规范》、广西壮族自治区发布的《公共场所汉英双语标识英文译法指南》和江苏省《公共场所英文译写规范》；2010年的《深圳市公共场所双语标志英文翻译规则及实施指南》；2011年的陕西省《公共场所公示语英文译写规范》等。

公示语研究的专题分类呈现地方化，一方面说明全国都在扩大对外开放，都在使用公示语；另一方面说明公示语翻译问题是全国性问题，规范制定与实施影响并不平衡。发达地区在公示语的使用上呈现出更明显的高感性、高密度和高频度的局面。因此，国内的公示语翻译研究还具有进一步深入进行的必要性，且需要结合社会生活的发展状况进行批量化和体系化的转换和引进。

二、公示语翻译的基本问题

（一）硬性翻译问题

硬性翻译问题比比皆是，但它比较明显，俗称“硬伤”，即拼写错误、语法错误、语用错误以及书写（大小写、符号、缩写等）错乱的问题。

1. 拼写错误

拼写错误是在公示语翻译中最为常见，也最易忽视的错误，经常被认为是小错误，无伤大雅。这种错误出现的主要原因可能是译者在翻译过程中粗心大意，不够重视，也可能是制作公示语标牌的人员的工作疏忽。除了在缩写、大小写、标点符号、所有格等方面出现错误外，还有直接使用汉语拼音、中英混用的错误情况，比如：“人民公园”的英文不是“People Park”，而是“People's Park”。

尽管在大多数情况下，公示语中的拼写错误不会对读者的理解带来困难、产生误导，但是这样的公示语出现在公共场所，每天看到它们的人不计其数，很可能给公众带来不好的印象，有时候甚至会引起严重后果。而且，这样的低级错误会因其公开性和潜在的权威性对英语初学者来说带来极为不良的影响。

此外，公示语翻译中还存在着大写字母的误用。造成这一错误的原因很多时候可能并不是由于译者的疏忽，而是其本身就不清楚大写字母的使用规则。在英语中，大写字母通常用于这三种情况：一是专有名词中的首字母；二是需要强调的词或者关键词；三是句子的第一个单词的首字母。

2. 语法错误

公示语翻译中的语法错误主要是指翻译过程中的单复数、时态、语态和谓语动词、名词所有格、词类的误用等。译者对于这一类的简单语法错误需要格外注意，因为在这些地方出错会给公众尤其是英语使用者留下不良的印象。此类错误虽然对外国人士理解此公示语中的含义不会造成太大的问题，基本上能读懂其中的含义，但犯如此简单的错误，难免会给人留下十分不好的印象，也极易对英语初学者产生误导，对翻译工作者来说是不可原谅的。

语法错误产生的原因可能是译者对于英语基础理论以及翻译技巧缺失，也可能是缺少一定的翻译实践。这些错误既包含名词单复数误用、缺少介词、冗余冠词等语言基础的问题，也包含由于对中西方的文化差异缺乏了解而导致的错译，或者是按照中式思维进行生硬、死板的翻译。英语公示语中，通常只使用关键词、实词等核心词汇，而省略助动词、代词、定冠词以及不定冠词的使用。所以，对翻译者来说，必须具有良好的语法知识，同时还需要具备精益求精和认真细致的态度，以求在翻译过程中尽可能地避免犯下语法错误。

3. 语用错误

在公示语翻译中，经常会出现语用层面的错误。语用翻译错误指的是说话人想要表达的话语意义与听话人所理解的意义不同。这一类错误产生的原因主要是译者没有以话语接收者为中心，对接收者不够了解，因而采取了错误的语言形式来进行表达。语言错误只能表明译者使用语言不够熟练，而语用失误却经常被误以为译者的态度甚至人品欠佳。

（二）软性翻译问题

软性翻译问题大体包括盲目对等、词汇误用、词汇冗余等方面的问题。

1. 盲目对等

根据翻译的基本要求，译者需要在目标语言中寻找和源语言对等的词汇。然而，在公示语翻译实践中，有些地方尽管从字面意义上来看实现了源语言和目标语言的对等，但是在实际意义的理解中却产生了很大的偏差。于是，在公示语翻译中，常常会出现生搬硬套、词不达意、字面拼凑的现象。

2. 词汇误用

有些时候，译者由于对于词汇意义的理解不够全面和深入，没有很好地把握特定词汇的使用范围，或者在选择词汇时不够严谨，所选用的词汇使译文的含义偏离了译者自身的意图，甚至可能引发误解。因此，译者应当准确理解词汇的含义，深入把握词汇的用法，在完全理解的基础上使用词汇，避免不准确翻译的产生，这样才能更好地实现公示语翻译的社会功能。

3. 词汇冗余

公示语具有高度的有效性和精确性。因此在公示语中几乎完全没有冗余词汇或者不起作用的单词。在公示语翻译中也要注意语言的精练。作者调查了一批英译的公示语，发现许多公示语都犯了词汇冗余的错误，而词汇的冗余会大大降低公示语翻译的有效性。

例如：在某高校教学楼前，“门口请勿停车”的公示语被译为“Do Not Parking”，其翻译首先犯了语法错误，在 do not 之后应当使用动词原形 Park 而不是 Parking。除此之外，这一翻译还存在词汇的冗余，应当使用更加简洁的表达形式“No Parking”。

4. 语篇错误

语篇错误主要是指衔接、连贯、信息结构等方面的错误。

例 5-1 湖北省博物馆内的一块公示语牌“It’s a duplicate here，original item is out for some other exhibition.”（此证为复制品，原件正在外展出。）这一译文存在语篇错误，两个对等的分句只是松散地放在一起而没有采用任何的衔接词来表示两者之间的逻辑关系。为了使译文明确而紧凑，可改译为：It is a duplicate here and the original item is out for other exhibitions.

5. 语义模糊

公示语具有指示性的功能。但是如果译者在翻译中省略了重要的语言成分，就会导致公示语信息缺失。作者观察到，有许多公示语的英译出现了所指不明或者语义模糊的现象，这对读者的信息理解造成了困难，影响了公示语指示性功能的发挥。

6. 文化差异

一些刚刚接触翻译的译者往往会犯下这样的错误：在翻译的时候没有考虑到中外文化的差别和其对翻译造成的影响，而只是将原文生硬地翻译成对应的英文。由于译文对于文化差异的忽视，不符合英语的表达习惯，常造成外国友人理解上的困惑。

例如：某市的公示语“Please offer this seat to the old，the deformed or the people carrying children.”（请将此座留给老年人、残疾人和抱孩子的人。）“Old”和“deformed”这两个词虽然在字面意义上没有使用错误，但是在西方国家这两个词含有负面的含义，在公众场合应当避免使用，以免引起年老的或者有残疾的人士的反感。我们可以用“underprivileged ”和“seniors”来翻译“残疾人”和“老人”，这样能更好地顾全他们的心理感受。所以，原译文可修改为：Please offer this seat to the seniors，the underprivileged or the people carrying children，或者简译为 Courtesy Seat。

7. 文化误解

有些公示语虽然没有语法、书写或者词语使用上的错误，但是受到中文思维的影响，语言不够地道，这是翻译者在翻译公示语时出现频率较高的一个错误，这种错误实际上来源于译者对目标语言在文化层面上存在误解。这主要是由于译者不具备足够的跨文化交际意识，或者对于中英文的语言特点的差别认识不足，也可能是由于缺乏英语实际运用能力，或者在翻译公示语时粗心大意和理所当然，翻译出来的译文往往不是英语中常用或常见的。有时，译者受自身的语言文化背景影响，以自己的文化思维来理解外国文化，导致了文化上的误解的产生。

8. 文化空缺

公示语具有言简意赅的特点，但是如果想要在简洁的语言中体现出文化特色和内涵来则较为困难。在公示语的翻译中需要顾及文化因素，不过这可以通过一些灵活的方式来解决。这是一种折中的做法，虽然会给原文的含义韵味带来损失，但是却有利于解决文化上的误解和歧义，避免了偏离原文本义和目的的译文的产生。

文化空缺在翻译实践中是一个难以避免的现象，指的是源语在目标语中可能会缺乏完全对等的词语。遇到这种情况时，就要求译者根据原文的意图进行灵活的处理。比如：有一常见公示语“Free admission for retired cadres who began revolution work prior to the PRC's founding and for children below 1.2 meter.”（持本人有效证件的离休人员免票，1.2 米（含）以下儿童免费。）然而，离休人员这一制度只存在于中国，而在西方制度体系中没有相对应的概念，也就没有对等的词汇。但是“1.2 米（含）以下儿童免费”这一点则对中外的游客都适用。所以在翻译时可以直接将“持本人有效证件的离休人员免票”这部分删去，而只保留后半句。原译文的问题在于完整地译出了所有内容，但是这实际上是不必要的。修改后的译文为“Free admission for children below 1.2 meters.”

9. 译名不统一

公示语译名不统一主要指公示语翻译存在多个版本，缺乏统一的翻译标准。同一地名在不同的地方会出现不同的英文译名，这很容易造成对方的误解和混乱。比如说，面对表示同一条路的不同英文译名，外国人很可能将其当作不同的路，这会给他们带来很大的不便。

（三）隐性问题

隐性翻译问题大多可追溯至中文原文的不当。

1. 矢不对的

所谓“矢不对的”，指的是完全针对国人的内容，不必要告知外国人，也就不必要翻译。例如“Military Car Without Charge”(军车免费)，很显然译文很糟糕，建议改译为“Free Parking for Military Vehicles”，但是再一考虑，国外的军车不可能出现在国内，那么这则公示语的英译就失去了其最初始的目的，因此这条公示也就没必要翻译成英文了。

2. 语气不当

说话的语气或口气不恰当也会影响到交流的效果。在中国，出于传统观念的影响，在公示语之类的地方习惯使用较为直接的命令口吻来提出要求，比如说“还价免谈”“非请莫入”。然而在西方国家，除了习惯上使用命令式的一部分公示语以外，大多在公示语中采用较为礼貌、柔和的语气，注重对他人情感的尊重。译者在公示语的翻译上也应当注意到这些细节上的问题。

例如“闲人免进”，将“If you are free, don't enter”译为“Authorized Personnel Only”，这样既符合译文读者的表达习惯，又不失礼节，可谓一举两得。

礼貌原则不仅是翻译的重要原则，同时也是语用学的重要原则，而有些公示语翻译却没有遵守一定的礼貌。

3. 词意混淆

在北京西单某商场的一处楼梯旁，竖有一个双语指示牌，其中文为：“小心台阶”，其英文翻译则是“Take Care of the Step”。这处公示语的中文原意是提醒过路者此处有台阶，应当注意脚下安全。然而在翻译成英文之后，含义却变成了“关心台阶”。这一句的翻译实际上应当是“Be careful of the step”或者“Mind the step”。之所以出现这样的错误，是由于译者混淆了两个短语“Be careful of”和“Take care of”的意义，造成了原文信息的篡改和丢失，使得原文和译文的含义不一致，违背了翻译的忠信法则。

各地公交车前门的“Up”(上)和后门的“Down”(下)也是不合适的。此公示语是提醒乘客前门上车、后门下车。“Up”和“Down”的含义为“向上”和“向下、倒置”，是指物体本身放置的状态。实际上，上车、下车的英语分别是“get on”“get off”，采用其缩写形式就是“On”“Off”，还可进一步简化为仅存有上下之意的箭头符号即可。

总而言之，语言不会孤立于文化而存在。在中英两种不同语言的背后是文化上的差别。在公示语的翻译中，不仅仅有词汇和语言上的选择以及语气和文体上的辨别，而且有传统和文化方面的碰撞。因此对于译者来说，不仅需要有对语言的把握，更要有对文字背后的文化内涵的了解，才能在语言之间进行有效而准确的转化，真正实现信息的交流。

第六章 现代公示语翻译策略与实践

随着多元化世界的发展，当前国际间经济以及文化往来越来越频繁。因此，在国际化和全球化的趋势下，汉英公示语的翻译和应用占据着重要的地位，成为一种国际交流的重要途径和方法。本章主要讲述旅游景点中公示语翻译、交通公示语翻译、停车场公示语翻译、时间公示语翻译、警示性公示语翻译以及危机管理中的公示语翻译。

第一节 旅游景点中公示语翻译

一、旅游景点公示语翻译的内涵

（一）公示语的定义

公示语类似于标示语、标志语或标识语，但是其所涉及的范围更广泛一些。公示语包括为衣食住行、娱乐、购物、旅游等各种行为需求而提出的公示性文字内容，对公众、游客、宾朋、国内的人员都有一定的提示性作用。本章所探讨的旅游公示语包括前文所述的旅游景点介绍（即景点牌说明）和旅游咨询信息，以及为旅游而设置的救援、交通、商业、娱乐、文化等信息。这些公示语一般出现在旅游景点，包括印或刻在石板、木板或塑料板上的介绍性、指示性、提示性、警告性的文字内容以及诱导游客前往参观或使用旅游服务宣传广告的口号。

（二）公示语的功能

公示语使用简短的语言或图示形式向社会公众提供一定的信息，具有指示、提示、限制和强制等作用。具体说来，公示语不但可以提供公众信息，同时会通过公众深入的理解来引发他们的兴趣，达到宣传或固定形象、促发或阻止行动等功能。可以说，公示语有的具有信息功能，有的具有表情功能，有的则具有呼吁功能。表现信息功能的如“45° 停车”（45°parking）、“请勿攀爬”（No climbing！），表现表情功能的如“新北京，新奥运”（New Beijing，Great Olympics）、“古都西安，中华文明源脉”（Ancient Xi’an：Cradle of Chinese

Civilization），表现呼吁功能的如“拯救自然，拯救世界”（Save the wildness and save the world）等。既然公示语的功能多种多样，旅游公示语的功能也是多种多样，包括信息功能、表情功能和呼吁功能，信息功能如“海事博物馆模拟器票券于本馆茶座收银处有售，可同时载两人。票价：每次澳门币 15 元整”（Maritime Museum Tickets for the simulator are available at the cash desk of the snack bar. Price：MOP$15.00 for a ride of 2 persons），表情功能如“澳门欢迎您！”（You are welcome to Macao），呼吁功能如“减废回收最环保，污者自付齐赞好”（Reduce Waste，Make Polluters Pay）。

公示语的每一种功能还可以细分，如吕和发（2005）认为公示语信息有静态意义和动态意义，所谓“静态意义”是指突出服务、指示功能的公示语，包括说明设施、景点、服务项目、机构名称等，如“票务处理”（Ticket Problems）、International Departure（国际航班出港）、“饮用水”（Drinking Water）、Smoking Seat（吸烟席）等；所谓“动态意义”则指显示动作性的公示语，如“向右转弯”（Turn Right）、“严禁拍照”（No Photographing / No Photos / No Photos Allowed）、Emergency Use Only（仅限紧急情况下使用）等。

公示语翻译是旅游翻译的一项重要工作，因为传达公示语的功能、在目的语中找到与原语公示语相对应的表达法对宣传旅游景点、彰显旅游目的地人民的文化素质等都是非常重要的。有鉴于此，下文将专门探讨旅游公示语的翻译。

（三）旅游公示语的翻译原则

旅游公示语的风格不同于普通旅游文本的风格。罗选民认为，公示语的风格主要包括简洁性、规约性和互文性（程尽能，吕和发，2008：371）。其中，简洁性是指公示语利用简单的词汇和句式结构，虽然是最简的形式，但获得了最佳的效果。例如，词汇多使用简单名词和动词，句式多使用简单明了的祈使句。规约性是指公示语主要用在特定的场所或环境下，受到历史沿革和语言文化习惯的影响，很多的公示语成为约定俗成的表达形式。所谓“互文性”则指公示语的文本有些已经固定下来，不能随意更改。公示语的这些特点与前文提到的公示语功能有关。简洁性可以使公示语更好地发挥其信息功能，规约性和互文性可以使公示语更好地发挥指示功能和提示功能，即表情功能和呼吁功能。鉴于公示语的功能和语言风格，其翻译也应该保留其语体特点和语言风格，在此基础上实现其功能。在翻译旅游景区公示语时，要注意中英文各自的习惯表达方式，充分展示公示语在功能上的对等。如果只是追求与原文保持一致的内容和形式，那么译文可能会因为不能产生预期的效果而导致旅途中的公示语失去其应该具备的交际功能（马明蓉，2009）。

到目前为止，我国公示语的翻译还存在众多问题。龙江华在《国内公示语汉英翻译研究述评》（2007）一文中指出，国内学者对于公示语翻译错误类型的研究说明，翻译过程中主要会出现以下几个典型的错误：

（1）语言失误，包括错误的拼写、大小写、语法等，以及出现的中英文不符、用词不当或者译名不统一，甚至出现标点符号的问题。

（2）语用失误，包括单纯的翻译形式、中国式的英语语气、文化特点上的误解、思维上的错位、交际中的信息失真等，以及语意不够明确、译文过于繁杂、礼貌用语的蜕变等，导致译文失去了公示的效果。

（3）译者因为责任心不够，在翻译过程中因工作疏忽所导致的低级错误。

（4）因为政府部门、管理部门和市民不够重视公示语的翻译规范而导致的其他错误。

让译者出现以上失误的主要原因可以总结为三个方面：首先，译者不具备扎实的中英文基础，而盲目地遵循母语的使用习惯；其次，译者没有深入了解中西方的文化差异和文化背景；最后，译者没有重视所翻译的公示语的功能。

以上这些问题在旅游景点的公示语翻译中极为常见，尤其是汉译英更是如此，其中错译、歪译、漏译、硬译等现象非常明显。譬如，将“勿踩草地”硬译成 Don’t stamp on the grass，这在外国游客看来透着指责的口吻，将“闲人莫入”硬译为 Strangers are forbidden，语气显得非常生硬。实际上前者恰当的译文应该是 Keep off the grass，please！后者则是 Staff Only！另外，中文的很多公示语具有中国特色，如果直译也会闹出笑话，如“向文明游客学习！”译成了 Learn from Civilized Tourists！而“向文明游客致敬！”则译成了 Salute to Civilized Tourists！其中的 civilized 实际上是“开化的”、“非野蛮”的意思，与中文原文语境中的“文明”完全是不对等的，所以这种笑话启发我们翻译公示语时，尤其是翻译中文公示语时一定要注意两种语言背后的文化语境。上面的两个公示语不如变译为 Welcome to...（叶苗，2005）。还比如，将“全国优秀旅游城市宁波欢迎你”译成 National Excellent Touristic City！ You are Welcomed by Ningbo！这可谓典型的中式英语，实际上地道的英译应该是 Welcome to Tourist City Ningbo！（叶苗）

张美芳（2006）指出，根据翻译的工作要求，在翻译过程中应该采取什么样的翻译方法和策略，这完全取决于语篇制作者的意图。然而，在翻译的交际过程中，语篇接收者反映出来的态度表明了译文的可接受性。可接受性还代表了接收者对语篇的期望值，以及受话人是否愿意主动地参与其中的呼吁，是否愿意共同完成翻译的任务。总之，对于公示语言的翻译和研究应该特别重视其意图性与可接受性两个特点。实际上，一些学者对公示语翻译的原则达成了一定的共识，认为翻译公示语的原则主要包括以下几点：第一，充分重视目的语的功能和译语读者的可接受性；第二，根据译语的文本类型和交际目的，选择适当的翻译方法和策略；第三，严格遵循公示语的翻译规范和法律规范，把握好其标准性和沿袭性；第四，重视翻译语言的功能对等；第五，以特殊情况特殊对待的态度完成翻译工作。正常情况下，翻译公示语主要是采用“回译”（back translation）和“借用”（borrowing）的方法，即找到目的语中相应的表达方式。而对有中国特色或其他文化特色的公示语，还可以参考另外三种翻译方法：（1）增译法。为充分体现语篇的指示功能，在译文中增添一些必要的解释，来突出公示语的重要文化信息；（2）减译法。为便于译文读者的理解，而对贬低文化信息的内容进行删减处理；（3）改写法。在充分掌握了背景资料的前提下，通过对原文的改写，让译文的内容更加符合目的语的规范和风格（龙江华，2007）。

由于公示语的功能并不是单一的，公示语的形式也不是单一的，所以翻译中应该根据公示语的功能和语篇形式进行翻译，同时注意在目的语中的可接受性。这可以说是公示语翻译的主要原则，在这些原则的指导下，至于采取前段所述的“回译”、“借译”、“增译”、“减译”、“改写”中的哪一种或哪几种策略，要根据公示语的功能和形式特点确定。下面具体探讨旅游景点的公示语文体形式及其翻译。

（四）旅游公示语的文体形式及其翻译

1. 名词短语构成的公示语及其翻译

用名词构成的公示语主要是向游客说明某一场所的功能或某一景观的名称等，用来显示那里的特定信息。使用名词短语可以使提供的信息比较直观、易懂。对于此类公示语的翻译，要根据具体情况灵活处理，主要包括：均由名词构成的公示语英汉互译时可以采取直译，遇到以名词为中心的英语公示语其前后需要使用形容词或分词时，就要按照汉语的表达习惯做出相应的处理，如下面的例子：

（1）Danger：危险。

（2）Locker Room：更衣室。

（3）Ticket Machines：售票机。

（4）Washing Bay：洗车场。

（5）Beverage Not Included：酒水另付／另付酒水。

以上例子中，前4个均为名词构成的公示语，其中译文也是名词短语，而后一个例子属于“名词＋过去分词”结构，included本身属于动词的过去分词，动作性很强，所以也译成了动词短语。如下面汉译英的例子：

（1）会议中心：Conference Center。

（2）餐饮部：Food and Beverage。

（3）宾客存储箱：Guest Lockers。

（4）归来阁：Guilai Pavilion。

（5）太白书屋：Taibai Study。

（6）旅游购物中心：Shopping Center。

（7）自动门：Automatic Door。

以上例子原文的中心均为名词，可以说都是名词短语，翻译的时候均译为英语的名词。而且，“归来阁”虽然是由动词“归来”加上名词“阁”组成，但如果把“归来”译为“Return”反而会让英语读者提出疑问，所以既然作为景点的名称，不如直接采用音译。总之，中英文中只要原文完全由名词构成，一般都译成目的语的名词，但如果英文名词中含有较强的动词意思，那么根据具体情况将之译为汉语的动词短语。

2. 动词短语组成的公示语及其翻译

表示限制、强制或警告的公示语往往是使用动词或动词短语构成的祈使句，提示游客可以做什么、必须怎么做或禁止哪些行为。这样的公示语在中英文中比比皆是。既然中英文均存在祈使句公示语，所以一般来说，由动词短语构成的祈使句均采取直译的方法。如下面的例子：

（1）Keep off the water：水深，请勿靠近！

（2）Mind the gap：当心道槽！

（3）Slow down：减速慢行！

Do not trespass on the railway！ Penalty ￡200：严禁穿越路轨，违者罚款 200 英镑！

请小心台阶：Please mind the step！

请勿攀摘花木：Please don't pick the flowers！

请勿用手触摸展品：Don't touch the exhibits！

游客请勿靠近展品：Do not stay close to the exhibits！

以上中英文例子的原文均属于动词短语构成的祈使句，旨在告诉游客要做什么或不能做什么。这些祈使句在目的语中均采用了直译，即译成目的语中的祈使句，这样可以达到翻译的目的，即原文的呼吁动能。当然，有些汉语的祈使句也可以译成英文的名词短语，如下面的例子。

严禁停车：No parking！

小心路滑：Caution：Slippery Path！

禁止拍照：No photographing！ /No photo！ /No photos allowed！

虽然多数的公示语具有复合型的文本功能，但是每则公示语的主要功能只能有一个。上述公示语一方面为游客提供信息，一方面在于呼吁游客注意安全或不要做某事。其中“严禁停车”和“禁止拍照”采用了英文中常见的表达方式，即 no+ 动名词 / 名词，而“小心路滑”则采用 Caution+ 名词的方式，这都是英语中经常使用的，因此这样的翻译可以称之为“回译”或“借译”。这不仅显示出公示语的信息功能和其呼吁功能，也符合英语读者的表达习惯，所以在翻译此类公示语时，这种翻译策略应该加以借鉴和推广。

还有一些使用动词的中文公示语实际上表示一种状态而非祈使句，那么这类公示语一般也译成英语的名词或表示状态的介词短语等。例如：

（1）因故停用：Out of order。

（2）短时停车：Short stay。

（3）正在维修：Maintenance in progress。

以上 3 个例子的汉语原文虽然都是动词，但实际上均表示某种状态，而非要求读者做什么或不做什么，英语在表示状态时一般会使用名词或介词，所以上面三个例子的英译文均变成了状态词，其中第一个是介词短语，第二和第三个均为名词短语。

3. 表示状态的形容词或分词构成的公示语及其翻译

在英语中，经常可以看到用形容词或分词来表示状态的公示语，但这类公示语译成中文时常转译为动词。如下面的例子：

（1）Sold out：售完。

（2）Mercury Free：无汞。

（3）Footpath closed：边道封闭。

以上三个英文公示语分别使用 sold、free、closed 等过去分词或形容词来提醒游客或提供必要的信息，但是这三个词在汉语中的对应语是动词，所以汉译文变成了动词短语。鉴于此，有些表示状态但由动词构成的汉语公示语一般要译成英语的分词或形容词。例如：

（1）每天开放：Open daily。

（2）一律免税：Duty free for all。

（3）失物招领：Lost and Found。

以上两个例子中原文“开放”和“免税”是动词，但表示的是状态，所以在译成英文时选用形容词 open 和 free 表示状态，是非常恰当的翻译，“招领”一词在汉语中是动词，英译文使用过去分词 lost 和 found，表示此处提供这样的服务，属于一种惯常的状态。

4. 缩略语构成的公示语及其翻译

缩略语是指使用英文单词的首字母合成的表达方式，在英文公示语中比较常见。特别是游客最常接触和使用的公共设施与服务的公示语会使用缩略语显示（程尽能，吕和发，2008：361）。翻译英语缩略语构成的公示语时当然要使用汉语的完整表达。如下面的例子：

（1）P：停车场。

（2）WC：卫生间 / 厕所。

（3）F&B：餐饮服务。

（4）IDD：国际直拨电话。

以上例子中 P 是英语单词 parking 的首字母，WC 是 washing closet 两个单词的首字母，F&B 是 food 和 beverage 的首字母连在一起，IDD 则是 international direct dialling 三个单词的首字母连在一起。这些都是常用的标识，但译成中文时却无法找到汉语的简称，所以要译得完整，这样中文读者才能看懂。反过来，在将以上汉语译成英文的时候，则可以使用英语的缩略语。

5. 单句型陈述句公示语及其翻译

单句型陈述句公示语即使用一句陈述句说明某地或某事或某一特色的公示语形式，一般用于宣传、公告或警告等。无论是英语还是汉语，都可以用陈述句直接翻译成目的语的公示语。如下面的例子：

（1）This site is under 24 hours surveillance. 本工地 24 小时在闭路电视监控范围内。

（2）Trespassers on the railway are liable for prosecution. 横穿铁路者将受罚。

（3）Beware！ Muggings occur in this area. 当心！本区域有行凶抢劫者出没。

（4）桂林山水甲天下。East or west，Guilin landscape is the best！

（5）麦当劳每周 7 日全天开放。McDonald's is open 24 hours a day（seven days）.

（6）窗口关闭请谅解。Position Closed Sorry For Any Inconvenience.

以上 6 个例子中英文原文均为陈述句，旨在陈述某种事实，翻译时大多译成目的语的陈述句，以实现原文的功能，最后一个没有译成完整的句子，但显得言简意赅。

6. 篇章型公示语及其翻译

篇章公示语主要指写在标牌上的一些介绍或说明性的文字。一般来说，这样的公示语属于说明文，结构比较简单，用词简洁明了，整个风格比较简约，表达直观通俗，但注重信息的准确性。在翻译这类公示语时基本可以直译，只要有效地传达出原文的信息即可，当然风格上要与原文风格一致，即用词简单、句式简洁等。但是由于民族的文化心理不同，思维习惯不同，中文一些介绍性文字会注重言辞优美，突出一些非常具有修饰性的细节，那么在翻译这类公示语时，一定不要一味地追求达到与汉语描述完全对等的英译文，而应根据英语游客的认知欣赏习惯，在译文中进行相应的处理和取舍，在以传达信息和突出解说功能为主的情况下，力求所用英文符合英语读者的表达习惯。以下为英译中的例子。

例 6-1 Dates：every Thursday from 11 June to 10 September

Price: adults CHF 59 (with1/2-Fare-Card), CHF 79 (without1/2-Fare-Card)

Bookings: until 16:00 hrs on the preceding day at the Gomergrat Bahn

日期：6 月 11 日至 9 月 10 日的每个星期四

价格：成人：59 瑞士法郎（持半价卡），79 瑞士法郎（无半价卡）

预订：活动的前一天 16:00 之前，地点：戈尔内格拉特铁路公司（Gomergrat Bahn）

这一英语篇章标识语提供了有关游览的实质信息，包括日期、价格、预订时间和地点，所以，翻译成中文时只需将实质性信息翻译出来即可，而且从形式上基本保持原文的风格，采取罗列的方法，用词简单明了。

例 6-2

Ancient Egypt

Even in ancient times, the civilization of Egypt was famous for its great age and wisdom.Its distinctive culture made it seem mysterious and exotic to other people in the ancient world, including the Assyrians and the Greeks.

Egyptian religion, hierographic script and buried customs, such as mummification, lasted for over 3000 years and have continued to fascinate the world in modem times.

The kingdom of Egypt occupied the Nile valley and Delta in north-east Africa from around 3000 B.C. For much of its long history, Egypt was largely self-contained, but it acquired territory in Nubia （Sudan） to the south and in the Near East. The River Nile ensured Egypt's agricultural wealth, and the kingdom all had access to gold and other mineral resources.

Egypt was invaded by other powers, including the Assyrians, Persians, and Greeks.Throughout its history, however, it retained its distinctive and sophisticated culture, even after the death of Queen Cleopatra in 30 B.C., when it was absorbed into Roman Empire. The long tradition of ancient Egyptian art and culture finally ended when the Egyptian temples were closed in the early Christian era, in the fourth and fifth centuries A.D.

古老的埃及

早在远古时期埃及就以其悠久的历史和聪明智慧闻名于世。在古代其他民族（包括亚述人和希腊人）的眼里，埃及独特的文化似乎高深莫测。

埃及的宗教仪式、岩石壁画和丧葬风俗（如木乃伊）延续了 3000 多年，直到今天这些古老的文化仍让现代人着迷不已。

公元前 3000 年左右埃及帝国就占领了尼罗河平原以及非洲东北部的三角洲地带。在漫长的历史长河中，埃及人基本上自给自足，但还是占领了努比亚（现在的苏丹）并吞并了近东地区。尼罗河孕育了埃及的农业，而埃及人也拥有大量的黄金和其他贵重金属资源。

埃及也曾遭受外族侵略，包括亚述族、波斯人和希腊人，但埃及人一直保留着自己独特精湛的文化。即使在公元前30年古埃及女王克利奥帕特拉去世埃及被纳入罗马帝国的版图后，埃及人对自己的古老文化仍不离不弃。公元4~5世纪，随着基督教的诞生，古老的埃及文化和艺术也走到了尽头。（程尽能，吕和发，2008：306，有改动）

这一段文字主要是对埃及的介绍，更多地描述了有关古埃及的文化和历史。用词倾向简单，句式结构并不复杂。非常明显，英语的这一介绍不太注重情感诱导，而是突出信息。在翻译中，译者基本上采取了直译，但在形容词的使用上，照顾到了中国读者的审美预期，使用了一些四字成语，如“高深莫测”、“着迷不已”、“自给自足”、“不离不弃”，还使用了一定的修辞手法，如“在漫长的历史长河中”这一比喻手法和“走到了尽头”这一拟人手法。但总体来看，中译文基本上也比较简洁。以下为中译英的例子。

例6-3（1）导游收费标准：50元／场。

（2）购票须知：

1）门票每张30元，一人一票。

2）儿童1.0~1.3米半票。

（1）Price for tour guide service：RMB 50 per tour.

（2）Admission charges：

1）Adults：RMB 30.

2）Children（height 1.0~1.3m）：RMB 15.

这则公示语用词简单，结构简洁，采用了信息罗列的方式，整体风格比较单一，只是为了把收费标准和门票价格告知给游客和导游，因此只要将整个内容忠实地翻译出来，就可以使外国游客清楚公示语牌上的主要信息，在参观该景点时不至于出现麻烦。而且可以模仿上文例6–1的英语，使用price和adult等词，也非常简单，因此整个译文无论是内容还是风格基本上属于直译。

但是，如前文曾提及，中文的一些篇章公示语在介绍某一景点时，会根据中国人的审美心理使用一些描述性很强的形容词、动词，甚至是结构对仗的四字成语和一些修辞手法，整个行文读起来更显文学化。这样的中文在翻译时可以适当“减译”，主要是考虑到英语读者的文化心理。另外，一些中文景点的介绍牌还会涉及中国历史的一些细节，因为毕竟很多外国游客对中国的历史并不十分了解，更不用说特别“细节”的历史了。这样处理不会造成外国游客的理解困难，从而达到公示语的交际目的。

例 6-4

李白纪念馆简介

江油李白纪念馆位于江油市区风景秀丽的昌明河畔，是国家 AA 级景区，全国最大的仿唐建筑群落，中国百家名园之一。融观光旅游、学术研究、陈列收藏、旅游服务于一体。以其独特的园林风光、丰富多彩的陈列收藏、声情并茂的讲解、热情周到的服务以及极高的学术地位而享誉全国，蜚声海外。被誉为文化的殿堂，镶嵌在九寨沟旅游环线上璀璨的明珠。

The Li Bai Memorial, located by the beautiful Changming River in Jiangyou city, is the biggest example of Tang-style courtyard architecture in China. Its unique garden scenes, extensive and magnificent art collections, excellent guides and interpreters, and academic significance combine to make it a culture treasure and a must-visit site for tourists enroute to Jiuzhaigou.

这一段文字在汉语中虽然只是李白纪念馆的简介，但是细心的读者会发现其中不乏迎合中文读者审美心理的描述性语言，可以说充满了“文学味”，如“风景秀丽”、“丰富多彩”、“声情并茂”、“热情周到”、“享誉全国”、“蜚声海外”等词语以及最后一句“被誉为文化的殿堂，镶嵌在九寨沟旅游环线上璀璨的明珠”。总体来说，这份中文简介在提供景点信息的同时使用了一些修饰性的表达手段，旨在吸引更多中国游客。鉴于中英文思维习惯的不同，译者不必拘泥原文，尤其是不必挖空心思地寻找前面罗列的修饰性词语和句子的对等表达，相反，译者可以省译一些这样的词，只要保证传达出原文的实质性信息即可。所以，对照上面的译文和原文，不难发现译文在这方面做得比较好，省掉了应该省译的修饰性词汇，最后一句也进行了变通处理。

总之，公示语作为一种具有介绍、提示、警示等功能的特殊文体在各旅游景点得到了广泛的应用。其文体主要表现在用词相对简单、精辟、规范，句式简洁、一目了然。利用公示语的提示性、强制性、指示性和限制性的应用功能，向目的语的游客翻译出公示语的各种信息。由于源语读者和目的语读者的文化心理既有相同之处，又存在一定的差异，翻译所追求的效果就是准确地传达公示语的信息，同时迎合目的语读者的文化和表达习惯。因此，对中英文公示语翻译来说，如果中英文均使用的词汇、句式和表达习惯，就可以采取直译；如果中文公示语比较烦琐，注重修辞与修饰，则要根据英语国家文化的不同进行适当省译和变通，从而达到翻译的语用效果。当然，要更好地掌握公示语的翻译，还要在旅游时做有心人，看看不同国家在表达同一意思时采用了什么形式。尤其对中国译者来说，到英语国家最好多注意一些公示语，这样在翻译中文公示语时便可以采用“回译”的翻译策略。因此，从实践中学习是译者一项重要的任务，也是做好翻译的前提之一，见表 6-1。

表 6-1 公示语翻译

中英文公示语的文体形式	翻译策略
名词短语构成的公示语	均由名词构成的公示语翻译时可以采取直译； 如果英语公示语以名词为中心，前后使用形容词或分词等或英文名词中含有较强的动词意思则需要根据汉语的表达习惯处理
动词短语组成的公示语	由动词短语构成的祈使句一般均采取直译的方法；有些汉语的祈使句也可以译成英文的名词短语； 一些使用动词的中文公示语实际上表示一种状态，那么这类公示语一般也译成英语的名词或表示状态的介词短语等
表示状态的形容词或分词构成的公示语	由表示状态的形容词或分词构成的公示语往往在英文中比较常见，这类公示语译成中文时常转译为动词； 有些表示状态但由动词构成汉语公示语一般要译成英语的分词或形容词
缩略语构成的公示语	一般是指一些英文的缩写，翻译英语缩略语构成的公示语时当然要使用汉语的完整表达
单句型陈述句公示语	无论是英语还是汉语，此类公示语一般可以直接翻译成陈述句。
篇章型公示语	中英文篇章公示语如果只是提供一些实质性的信息，则直译； 如果中文公示语比较烦琐，注重修辞与修饰，则要根据英语读者的文化心理和思维模式进行适当省译和变通

二、旅游景点公示语的翻译的译文辨析

翻译实践表明，中文公示语在翻译时出现的问题较英译中多。所以本部分仅选取一些中文公示语的英译进行辨析。

（一）峨眉山，天下名山

译文一： Emei Mount，No.1 mountain under the sun.

译文二： Mount Emei，a famous mountain.

辨析： 原文属于广告型公示语，译文一存在几个问题，首先是“峨眉山”的翻译不应该是 Emei Mount，而应该是 the Emei Mountain 或者 Mount Emei（关于这一点请参考本书关于“旅游景点中专有名词的翻译”一章）；其次 No.1 mountain 有些言过其实，因为中国和世界有很多名山，很多山比峨眉山更高、更美或更险等，所以 No.1 没有说出在哪一方面属于“No.1”，因此如果将其译为 a famous mountain 会更合理一些。另外，在中文中，“天下”一词经常用来形容中国的名吃、名山大川等，这只是一个渲染型的词，如果像译文一那样译成 under the sun，给人感觉非常夸张，不符合我们前面讲过的“英文思维”，所以这一部分省译更好，整个译文变成译文二反而会让英文读者感到比较“实在”。

（二）爱护花木，切勿攀摘

译文一： Take care of flowers and trees，Do not pick and harm them.

译文二： Keep off the flowers and trees.

辨析： 将上述两个译文对比可以看出，译文一基本上属于“硬译”，将中文“注重细节描述”这一特点照搬到英文当中，没有照顾到英语读者的接受心理。实际上，英语在相似的语境下会直接使用 Keep off the flowers and trees。当然，也有译者会将其译为 Stay away from the flowers and trees，但前一种在英文公示语中更常见。

（三）老弱病残孕幼席

译文一： For Those Who Are Old，Weak，Sick，Handicapped，Pregnant or Young

译文二： Courtesy Seats

辨析： 原文是个偏正短语，中心词是“席”，译文一一看就是闭门造车式的译法，其中“老”、“弱”、“病”、“残”、“孕”、“幼”直译出来，显得语气不委婉，尤其是前三个，另外 young 并没有真正传达汉语“幼”的含义，实际上在英语国家这一公示语一般使用“Courtesy Seats”，即译文二，既简洁又委婉。

（四）必须戴安全帽

译文一： Must Wear Safety Helmet

译文二： Safety Helmet Required

辨析： 原文“必须戴安全帽”是一个陈述句，属于汉语的无主句，省略主语是为了避免让对方感觉是把要求强加给自己的，所以省略主语是为了使语气变得更缓和，显得有礼貌。但是，如果像译文一样硬译成 Must Wear Safety Helmet，这在英语中并不属于陈述句，也不属于正确的短语，因为英语很少会将句子直接省略主语而以情态动词开头，一般的做法是要么变成合乎逻辑的短语，要么写出完整的句子，但是如果译成 You must wear safety helmet 或 Everybody must wear safety helmet，势必会让英文读者感到语气的强硬，因此不如像译文二那样译成 Safety Helmet Required，既是英语常见的短语，又传达了礼貌的语气。

（五）创一流服务，迎四海嘉宾

译文一： Welcoming our honored guests from all over the world with the first-class service.

译文二： First class service to all guests.

辨析： 对照两个译文不难看出，译文一基本上采用了字面翻译，显得冗长啰，而且英文 welcome 的用法并非如此，而是应将 welcome 当形容词使用，比如

Welcome to Beijing。实际上，原文的意思完全可以解释为“为四海嘉宾提供一流服务”，因此作为公示语，不妨也译得简洁一些，以符合公示语“简明扼要”的特点，而译文二正是这样一个容易为英文读者所接受的译文。

（六） 禁止跨越！

译文一： No striding！

译文二： Do not climb over！

辨析： 译文一中的 striding 当“跨越”讲时，英文意思是 cross（an obstacle）with one long step，跟原文中的“跨越”之意相去深远，因为原文的意思就是“跨过去”。而译文二使用 climb over 比较准确地传达出了原文的意思。

三、旅游景点公示语的翻译练习

请注意公示语的翻译：

（1）Passengers Only.

（2）Danger！ Highly flammable materiall.

（3）In Emergency call the signal engineer.

（4）Working Together for a Cleaner Thames.

（5）The Wonder Down Under.

（6）Cloisonne technique was probably carried across Central Asia from Byzantium through the Caucasus in the twelfth and thirteenth centuries when the Mongols dominated Asia. Showy and ostentatious，Cloisonne enamels fulfilled a desire for large，bright and shiny vessels for use in palaces and temples. Many of the vessels were made in shapes associated with Buddhist ritual. Although the foreign technique was at first regarded as vulgar and tasteless，the Chinese grew to like it，and it was used by emperors in the Ming and Qing Dynasties.

（7）残疾人设施。

（8）李白纪念馆。

（9）历史遗迹，严禁刻画。

（10）小心碰头！

（11）发生火灾时按下，非火灾时严禁使用。

（12）雨天路滑，严禁登山。

（13）花儿微微笑，请你走大道。

（14）尊敬的游客朋友：

欢迎您光临李白纪念馆风景区游客中心，我们特为您提供以下服务：咨询、查询、免费观看资料宣传片，提供休息场所、免费开水，代办打印、复印、国内传真、飞机票，代订宾馆、饭店，代存包裹，办理车票。您在游程中还有什么需要，我们将竭诚为您服务。

（15）因地制宜的牡丹园采取了自然式的设计手法，园内植物栽培采用的主要是乔木、灌木与地被进行复层混交的自然群落的疏林结构方式。园中的建筑和小品富于变化，如“群芳阁”、“鸳鸯亭”、“牡丹壁”，以及斜卧花丛的“牡丹仙子”雕塑和“粉雪千堆”山石，均与自然融为一体。牡丹园的设计曾获国家设计银奖。

第二节　交通公示语翻译

美国交通运输业非常发达，其现代化程度在世界上也名列前茅，为了交通的快速便捷，飞机、火车、汽车、地铁等交通工具无所不有。美国私家车普及率很高，被称为“车轮上的国家”，短途交通主要靠自己开车，不能依赖公共交通。美国公共汽车路线四通八达，并广泛设立公交专用道。车票低廉，实行“一票制”。车辆准时准点，号称“比飞机都准时”（张睿，2007）。美国的出租车明码标价，车身上标明了起步费、起步距离后计费标准和等候费用。在街上揽客的出租车，一律漆为醒目的橘黄色。地铁是一种非常快捷、廉价、便利的交通工具。在美国，地铁最密集的城市是纽约，其次为华盛顿、芝加哥等城市。很多城市还有随上随下的城市观光车、商城的免费购物班车以及机场大巴等。

美国人的主要长途交通工具是飞机，其次为火车和长途汽车等。美国的航空事业在世界上首屈一指，拥有50多家大型航空公司。飞行路线四通八达，几乎所有的城市都有飞机航班相通。在美国坐火车，与其说是交通，不如说是旅游。几乎所有乘坐过美国火车的人都赞誉其为“世界上最舒适的火车”“沿途景观最秀丽壮观的铁路线”。美国最大的长途汽车公司是灰狗（Grayhound）公司。乘客在途中任何一站都可下车，再乘坐以后班次的车辆，一个月内到达目的地即可。而且，灰狗公司和其他客运公司有联运关系，如果旅客需要通过其他客运公司所辖的路线，在发车点购买一张联票即可（周敏，2009）。

一、车身上的公示语

车辆的特点是空间小、流动性强，所以车辆外面的文字力求简洁、直观、易懂、醒目。

（一）标签类

标签式文字，表明车辆身份与特殊功能以及所属单位，内容与形式都最为简单。比如TAXI出租车、BUS公共汽车、SCHOOL BUS校车、PUBLIC SERVICE

公共服务车、AIRPORT SHUTTLE 机场大巴等，一般翻译都是约定俗成的，简洁明确。

（1）警车、救护车、消防车。美国消防局和警察局是并列的两个部门，急救隶属于消防局。美国只有一个急救电话 911，任何紧急情况都可以拨打。然后，911 同时通知消防、警察和医院的急救中心，所以会看到消防车、警车、救护车同时出现在事发现场的情景。如果是医疗急救，救护车一到警察和消防员就会离去，毕竟医生是专业的。美国救护车前脸的字 AMBULANCE 是反着印的，为的是前面开车人从后视镜中看到的是正的，容易识别，易于避让。

（2）免费购物巴士。免费购物巴士及沿途站点很多，行车间距短，非常方便。附近上班的工作人员也可免费搭乘，它不但带来了节约能源的效果，也有效地减少了废气污染，其所产生的实际效益要远大于免费巴士的支出总和。

另一类标签式文字则仅表明车辆所属的单位，公众从公司名称即能判断车辆性质与用途。

BRINKS 即标志此车是伯灵顿全球货运有限公司的物流车，同时也起到了为公司做宣传的作用，成为免费的流动广告。

在好莱坞附近的 UNIVERSAL CITY 有一座以电影题材为主题的公园，它就是世界著名的环球影城。这里是世界上最大的电影、电视制片厂，也是洛杉矶市附近几个著名观光点之一。影城内的电影车之旅、影城中心与娱乐中心是三个主要的供游客观光游览的区域。

（二）警示类

警示性文字提醒公众潜在危险，提前采取措施，避免不必要的伤害或生命损失。翻译必须简短、准确、易懂。

大型车辆转弯时需要较大空间，需要借用车道，这是用来提醒后面及右车道上的车辆注意。

乘客只能从右侧车门上下车，所以 CAUTION PASSENGER EXITING 写在车后靠右侧，提醒后面车辆注意。

（三）请求类

在英美国家，“请”(Please) 字使用率很高，用来礼貌地向人们发出请求或提示。禁止、勿等信息前加上“请”字即可缓和语气，使人更容易接受。

车上禁止吃喝、嚼口香糖，感觉很严厉，有点儿不近人情，加上“请”字语气便委婉了很多，否则，肯定会有不少旅客心里感到不舒服。

如以禁止类信息，但考虑的是公众的安全，以免自动门突然打开，伤及附近的人。既为受众考虑，又礼貌温馨，公众自然毫无异议地谨慎行事。

以上都是“请 + 否定祈使句（Please+Do not）”的结构。一个“请”字使禁止转化为请求，缓和了否定祈使句的生硬语气，增加了礼貌态度。

（四）提示类

提示类文字的目的是告知公众具体信息，体现周到的服务，语言应用言简意赅、信息明确。

（五）宣传推广类

交通工具上宣传推广类的文字主要目的是宣传，突出甚至夸大自己的优点和理念。比如美国伯灵顿全球货运有限公司的物流车上写着：SECURITY SINCE 1859（公司自 1859 年创建安全无事故）。

其实，车内开放空调已经是再普通自然不过的事情，但车主突出这一点并表明是“为了您的舒适”，给人一种一切为乘客着想的感觉，而且 FOR YOUR COMFORT 使用了更具主观色彩的手写字体使这种感觉更加强烈。

拉斯维加斯豪华汽车服务公司自 1992 年以来一直是奢华地面交通服务业的老大，他们的宗旨是提供无与伦比的卓越服务，即舒适、可靠、安全。他们的口号是：活得精彩，玩得精彩！车既是他们提供服务的工具，也是他们的流动公告。Play well 采用了活跃灵动的字体，形似跳动的音符，增强了广告效应，最下面的网址和电话也起到了广而告之的作用。

（六）环保类

气候变暖、空气污染、能源短缺使环保问题日益严重，人们开始研发、使用新型环保燃料、提倡低排量汽车，环保车也自然而然把此类信息公示于车身上。

（七）其他

（1）出租车的车身上印制了详细的计价信息，包括起步费、起步距离后计费标准和等候费用。车门的上部还标明了付款方式：Most major credit cards accepted.（主要信用卡皆可使用）。计价信息如此详细明确地印在车身上，真可谓明码标价，美式效率。

（2）旅游车上的信息非常丰富，包括车辆性质、特点、沿途站点和驱动燃料等。文字采用不同颜色、字体、字号、重复等方式突出重点信息。City Sightseeing San Francisco 使用最大字号、艺术字体；Hop on，Hop off 和 24hrs valid ticket 在车身上部和下部重复出现，并且罗马数字 24 非常醒目。

GOCAR 车上有公司名称、汽车特点、租车地点、电话、网址等信息。

酷车租赁公司（GOCAR RENTALS）是位于旧金山的一家汽车租赁公司。它提供三轮摩托式的敞篷车，车上装有 GPS 系统，租车人必须按照指定的路线游览，可以通过车载立体声系统收听不同语言的导游讲解，所以也称为 GPS 导航故事车（GPS-guided storytelling car）。公司宣称 GOCAR 比摩托安全，比汽车更酷，乘 GOCAR 旅游最令人兴奋、最引人眼球，拍照机会最多！

二、船上的公示语

在汽车、飞机高度发达的今天，船的主要用途是货运和旅游。船上的文字主要是有关船只名称、功能、具体用途、救生物品以及游览信息等。

纽约水上出租车公司自 20 世纪 50 年代开始运营，公司提供的服务专业而且广泛，主要有通勤服务（Commuter Service）、观光服务（Sightseeing Service）和租赁服务（Charter Service）。在这些服务项目中，通勤服务是由 149 座上下两层的船来完成，观光服务分为海港观光、随上式观光和随下式观光。租赁服务主要针对美国历史交通方面的教育团队旅游、公司团体训练、公司派对游玩、家庭聚会旅游等各式各样的社会活动提供租赁服务。

这种形似鸭子的车船原本是第二次世界大战时的海陆两栖冲锋舟，战后摇身一变，成为海港城市的水陆两栖旅游工具——嘎嘎鸭。游客乘坐嘎嘎鸭不仅参观知名陆地景点，而且还像舰艇一样冲入水中，来一段水上游览。

鸭子船上的游客打招呼不说“Hello”，而是学鸭子嘎嘎叫。

美国不仅交通网络完善，而且非常重视交通工具上的公示语使用。车船上的公示语字词准确、简洁明了、直观易懂，达到了实用性的目的；注重宣传推广和广告效应。比如对清洁能源和低排量等环保性能的提倡与推广、拉斯维加斯豪华汽车服务公司的煽情广告，极具人性化。“此车不当班”“此车提供出城服务”等公示语为车主和乘客都带来了极大方便。正是因为交通工具上准确标注了不同功能的公示语，在美国旅行的旅游者，不论是乘坐短途出租、地铁、巴士，还是乘坐长途汽车、火车、飞机，都会感到便利和安全。

第三节 停车场公示语翻译

美国是个“汽车轮子”上的国家，符合驾驶机动车的成年人人均不止一辆车。汽车在美国十分普及，已成为美国人日常生活中不可或缺的一部分，但随之而来的停车问题也就成为人们关注的头等大事。为解决停车难的问题，美国政府采取了双管齐下的方法：一方面不断修建新的停车场，极大地缓解了停车难的问题；另一方面，交管部门也制定出了严格的停车规则，有效地治理乱停车问题。

在美国的驾驶证考试中，特别强调停车的重要性，并在《驾驶员手册》一书中强调了关于如何停车的重要内容。在美国，还有大量关于停车的严格的交通法规，例如在十字路口附近不允许停车，在消防栓旁边也不允许停车，停车的时长也有一定的限制。还有的路段只能在某个时段停车，这些“条条框框”都写在路牌上，停车之前务必要看清楚，否则就得受罚或者车被拖走。美国的警察们对违章停车毫不留情，一视同仁，绝不会给任何人“面子”。而且，在美国这种带有惩罚性与社会导向性的项目收费很高（王忻，2004）。

在美国有关停车的公示语包括停车场停车、路边停车位停车、机场／车站／码头停车、机关／企事业单位停车、购物场馆停车、景点／活动停车、私家宅院停车等；根据停车场公示语标识设置的位置又可以分为导引、入口、场内、收费、规则等类别。

一、停车场导引公示语

停车公示语是整个交通公示语信息系统的一个环节，与大的交通系统联系、衔接；同时又是一个自成一体的小系统，与关联密切的机场、超市、学校、酒店等构成一体，为驾车者提供服务。

有关公共交通的公示语通常语言简洁、醒目易懂。在表达方式上以词、词组或缩略语为主，同时还配有图形标识（如箭头），以节约阅读时间。核心事项用大号字体、亮丽的色彩、不同的字形，以有效吸引公众的注意。

停车导向标识牌通常尺寸较大，悬挂的空间位置较高，上面的字体较大，所用色彩与背景色彩形成鲜明的对比，非常醒目，便于驾车人在较远的地方即能清楚地获取信息，在快速驾车的同时及时做出安排。另外，与 parking、garage、car park 组合的特定服务功能或性质的停车场还有计日停车（daily parking）、免费停车场（free parking）、全日停车场（24-hour parking）、员工停车场（staff parking）、私人停车场（private parking）、来客停车场（guest's Car park）、贵宾停车场（VIP Car park）、室内停车场（indoor parking）、地下停车库（underground garage）、高架停车库（high.rise garage）、机械立体车库（mechanical and stereoscopic garage）、大型活动停车场（event parking）等。

美国停车场的停车标识牌通常分为柱立式和附墙式两种。根据规定标识牌为蓝底白字并配有箭头指示停车场的方向。司机通常都是在行进中阅读停车标识牌上的信息，因此，使用简洁语汇、色彩语汇、借助标准图形标识等都有助于公示语信息在一动一静情况下传播的有效性。

二、停车场出入公示语

美国的停车场不论面积大小，其设计都具备一定的合理性，面积较大的停车场至少都安置有两个门口，一个进，一个出。避免同一条通道进出，既妨碍行车，又不安全。很多停车场进口的标识牌上用动词词组 ENTER HERE（由此进入）标明，并配以两个向下的箭头指明车辆进入车库的方向，十分简洁、易懂。同样在出口处的标识牌上用句式 EXIT ONLY 表明“出口”，虽然没写 NO ENTRY（严禁入内），但 ONLY 的使用自然就表明了严禁入内的含义。美国的市内停车场多是在地下、半地下或是底层，为此也称为 garage。

三、停车场内公示语

停车场从入口处到停车位都有与停车服务相关的公示语提示、指示、警示司机安全、顺利停车。停车场内公示语既有独词、短语，也有单句、短语篇。

一个停车场内划分为不同区域，使用色彩、数字指示停车、取车，大大便利了行色匆匆的驾车人。另外，停车场还划分服务特定群体的停车位，明确标注，提高服务效率。

类似这种服务特定功能或群体的停车场／位还有：（员工）内部停车场（staff parking）、（私人）内部停车场（private parking）、无障碍停车位（accessible parking space）、双轮摩托停车场（parking place for solo motorcycles）、残疾人停车位（disabled）、带小孩家庭停车位（parent and child）、访客停车场（visitors parking only）、顾客停车位（customers only）、救急车辆停车位（emergency vehicles only）、居民停车场（parking for residents only）、私家停车位（private ／ private Car park）、物流停车位（defivefies）、经理人员停车场（directors parking）、执行经理停车位（managing director）、总经理停车位（director）、警车（Pofice）、大巴停车（buses only）等。

美国人获得驾驶执照前的考试中有一项内容是平行停车。停车时车身与便道路沿平行，车前保险杠对前车后保险杠；车后保险杠对后车前保险杠。这样的要求是为了提高停车场空间利用率，保证行车道畅行无阻。平行停车带有强制性，为此这个公示语背景采用橙黄色，以警示驾驶者如不照章执行，后果严重。

四、停车场规则公示语

无论是纽约 Showbiz 停车场还是拉斯维加斯 Main Street Station 酒店停车场，都有与收费标准告示一起公布的停车场责任公告。这种开诚布公的信息公开方式是这个行业或设施的特点决定的，可以起到提示作用，也可以避免很多不必要的麻烦与法律纠纷。

停车场内的规则是驾车人必须严格遵守的规定，因此这些规则的表述应正式、庄重而不失礼貌，多用完整的句子表达，措辞上应体现出一定的权威性。尽管不同停车场在表述这类责任时措辞略有不同，但都是套话，大同小异。该规则的题目使用了祈使句式，表达出一种动态的含义，且所有字母全部用大写，字体与正文部分不同，字号也大于正文部分，这些特点都使得该规则在第一时间迅速引起公众的注意。

“请安全驾驶”（PLEASE DRIVE SAFELY）替代了“停车守则”，其内容不但要标写准确，语气、态度还要为访客着想，严肃与温馨结合，关照与原则结合，服务方与服务对象的责、权、利以简明、精确的语言，要点开列（list form）方式一一阐明。

此外，因为很多停车场都是在地下，一些设施管线都要布设在停车场顶部，与安全相关的警示标志也会出现在停车场这些部位。

五、咪表与计时停车

利用路边空间停车是世界上很多国家为了改善城市停车难的状况，便利驾车者出行的一种有效举措。这种停车管理有专人收费和咪表计费。Muni Meter——都市停车计费系统是美国纽约交通管理局 1999 年开始试运行，2009 年正式推广的一套新的停车收费和管理系统。

咪表计时收费公示语文字简明扼要，清晰条理，通俗易懂。那些体现要求、步骤、使用方式的语句都使用了祈使句，对动作和行为要求直白，指示准确。毫无疑问，凡初中毕业文化水平的美国人，或托福可考 500 分和雅思 6.0 分的外国人，都可以毫不费力阅读咪表公示语信息，使用计时停车服务。

六、停车场收费

美国大城市的停车主要分为路边停车投币计时器和停车场两大类。路边停车是由市政设立和管理的，收费相对较低，但规定却相当严格。什么地方、什么时段可以停车，停车时限和收费标准多少都有严格的规定，违章停车轻者被派罚单，重者会被拖车（高杉，2010）。美国的专用停车场是由当地人自己定价，不受政府干涉，但是定价者需要在停车场的入口处将价格标注清晰。通常，停车时间较短反而收费较高，长时间的停车（也就是 24 小时以上的停车时间）价格反而会相对较低（黄春棉，2010）。有些停车场针对稳定的老客户会提供停车位的“月票”进行出售，价格只有平常停车总价的 1/3~1/4。所以，停车收费价格表必须清楚地列出不同停车时间的收费标准，并对需要额外收费、办理优惠停车等情况进行了详细的说明。

美国的专用停车场都是自己定价，因此各停车场都有自己不同的收费方式和标准。有的停车场全天候统一价位，有的根据不同时段收取不同的费用；还有的电影院、商场或餐馆等商业场所的停车场，根据消费单据收费。总之，停车收费在美国作为一种商业行为，其形式五花八门，各不相同。

一般来说，美国的繁华商业区在不同时间段，停车费用也会有所不同，因为所占用的资源不同。例如一家很普通的露天停车场，在平时一天停车费为 40 元；

而有国际车展等重大活动期间，一整天的停车费为 50 元。

七、停车文化

美国的停车场不仅数量众多，而且注重规划设计。场内泊位与车道斜交，停车的时候沿着车道缓缓行入场内，只需要呈小角度的转弯就可以拐进去，倒车出来时只用往后退，便可沿另一方向开出来，停车通常都可以一步到位。停车大楼的设计就更为讲究，一条主通道常一上一下两车道，沿大楼外墙的内侧，层层向上衔接直接通到顶层，每一层都安置了出口和入口，并且连接着主通道。汽车顺着车道向上行驶，全然没有一边是峭壁，一边是深涧那种惊心动魄的感觉。有的空中停车场使用了自动升降机，方便将车辆升降到各个楼层停放。

在美国，有两个有趣的停车场叫法：一个是 Park and Ride；另一个是 Kiss and Ride。Park and Ride 是指转乘停车场，人们把汽车较长时间停在城外的停车场，然后转乘附近公交车辆到市内，以减少市区的车流量；而 Kiss and Ride 是为了那种短时间逗留一下，然后很快就离开的汽车准备的停车场。

美国停车场不分归属、不论大小均会划出一定比例的残疾人专用停车位，在最方便出入的一些车位旁边竖立起画着国际通用“蓝色轮椅”标志的“残疾人专用”标志，或者在车位的地面上画有“轮椅”，优先保证残疾人能够方便停车（市场报，2005）。

美国某些大公司里的停车场只有高层管理人员拥有固定的车位，其他绝大部分车位都是按照员工在公司的从业年限来分配和界定，也就是服务公司的时间越久，停车的位置越好、距离办公大楼越近，这种分配原理体现了公平公正的原则，也奖励了那些对公司忠诚的员工（市场报，2005）。

美国大学的校园完全是敞开式，没有围墙和校门。老师和学生也大多开车上学。教授的汽车上放有标记，可以停在校园停车场的“教授停车处”，学生的汽车只要找到空车位就可以停。虽然停车场没有专门的现场管理人员，但是教授和学生都很自觉，秩序井然（钱欣葆，2008）。

综上所述，作为汽车王国的美国对停车问题的研究可谓深入，美国的停车管理以及公示语使用都值得我们认真研究借鉴。

第四节　时间公示语翻译

公示语的本质特征是“示意”，单独的时间表述必须配合其他公示语或公示标识才能达到“示意”的目的，以方便人们在最短的时间里掌握最大的信息量。因此时间公示语主要是辅助、帮助其他类型的公示语起到指示、提示、限制或警示的作用。

一、公共设施开放时间

在各种时间公示语当中，公共设施的开放关闭时间最为常见，也最为重要。下面图 6-1、图 6-2 所示是常见的公共设施开放时间公示语。

San Francisco Public Library		旧金山公共图书馆	
Main Library Hours		主馆开放时间：	
Monday	10-6	周一	10-6
Tuesday	9-8	周二	9-8
Wednesday	9-8	周三	9-8
Thursday	9-8	周四	9-8
Friday	12-6	周五	12-6
Saturday	10-6	周六	10-6
Sunday	12-5	周日	12-5

图 6-1　图书馆开放时间公示语

公示语表述的是图书馆开放时间，它采用中间对齐的形式，具有对称的美感。公示语自上而下分为三个部分：首先是旧金山公共图书馆的标志和馆名，这部分文字较小，因为此牌嵌在图书馆正门附近，正门上已经有馆名和标志，而且公示语主要内容为开馆时间，所以不需要再用大字体强调馆名或者标志。中间部分 Main Library Hours 三个字与下面的具体时间相比，字体大了 1 倍，非常醒目。这里还要多说一句，使用 main 这个词的原因是这里列出的时间只是主馆的开放时间，某些分馆的开放时间可能有所不同。第三部分指示具体时间，因此所占比例最大。因为一周内每天的开放时间不同，因此从周一到周日逐条列出。

Holiday Inn Express
For your convenience,
Pool Towels are available at the Front desk
Pool Hours
6A.M.-9P.M.
Enjoy your stay with us!

假日快捷酒店
为您提供方便，浴巾可在前台领取
泳池开放时间
早6点-晚9点
祝您愉快！

图 6-2　假日快捷酒店时间公示语

这则公示语见于假日快捷酒店的前台。与前一则公示语相同的是最上面一部分都使用了设施本身的标志和名称，另外的部分表示时间和游泳池服务说明。最后体现了服务行业的特点，要做到礼貌周全，让顾客感到宾至如归。

图 6-1、图 6-2 在表示开放时间时，并没有简单使用 open 等字样，而是采用公共设施的名称后面加上 hours 的方式来表述，含有时间的部分字体加大加重以示其重要性。在一个综合性的公共设施里，不同的服务或者设施的开放时间可能不尽相同，因此，用上述方式有助于提醒公众，防止混淆。

图 6-3 所示是卫生间每日清洁时间的公示牌。除了具体的时间表述之外还在明显的位置应用了两个重要的标识："禁止进入"和"正在清洁"，表示限制和提示。值得注意的是"关闭"和"清洁"这两个词用完全大写的形式，起到了加重限制和提示的作用。

Restrooms
CLOSED
For Daily
CLEANING
7 a.m. / 8:30 a.m.
11 a.m. to 12 p.m.
2 p.m. to 3 p.m.

每日定时保洁期间
卫生间暂时停用
上午 7:00或上午 8:30
上午 11:00−中午 12:00
下午 2:00−下午 3:00

图 6-3　卫生间公示语

另外要注意的是在时间公示语中如何表示"或"的概念和"到"或者"至"的概念。如图 6-3 所示，7 a.m. / 8:30 a.m.（上午 7:00 或上午 8:30），"或"的概念在这里用斜线表示，而 11 a.m. to 12 p.m.（上午 11:00—中午 12:00），"到""至"的概念则用单词 to 表示。

公共设施与人们的生活息息相关，一般来说都会把时间公示语放在入口处等醒目的地方，这类时间公示语具有指示、提示作用。

二、演出比赛等票房时间表

美国的体育产业世界闻名，娱乐业的翘楚地位也有目共睹，下面以美国洛杉矶等地的演出或比赛的票房售票时间表为例，看如何能够简单明了地传递尽可能多的时间信息。

STAPLES CENTER BOX OFFICE	史泰博中心售票处
HOURS OF OPERATION	营业时间
MONDAY—FRIDAY	星期一至星期五
EVENT DAYS: 9:00—1/2HR AF-TER EVENT START	比赛日：上午 9 点 — 比赛开始后半小时
NON EVENT DAYS: 9:00 A.M.—6:00P.M.	非比赛日：上午 9 点 — 下午 6 点
SATURDAY	星期六
EVENT DAYS: 9:00—1/2HR AFTER EVENT START	比赛日：上午 9 点 — 比赛开始后半小时
NONEVENTDAYS: 9:00 A.M.—6:00P.M.	非比赛日：上午 9 点 — 下午 6 点
（CLOSED DURING SUMMER）	（夏季关闭）
SUNDAY	星期日
EVENT DAYS: 10:00A.M.—1/2 HR AFTER EVENT START	比赛日：上午 10 点 — 比赛开始后半小时
NON EVENT DAYS: CLOSED	非比赛日：关闭
FOR VENUE OR EVENT INFORMATION VISIT：	比赛日程请登录网站查询：
www.staplescenter.com	www.staplescenter.com

如上所示，票房公示语标牌蓝底白字，全部使用大写字母，以中间对齐的方式排列，并利用字体的大小将整体分割成两大部分（最上部的场馆名称除外），分别说明营业时间和购票时的规章制度。整个公示语标牌的外观整洁清晰，内容也让人一目了然。

这里只探讨营业时间部分。史泰博体育中心的营业时间被分为三类：星期一至星期五、星期六和星期日。分割这三部分的是字体大小和空行。就像我们在修改文章格式的时候要区分各级标题和正文一样，史泰博中心的时间公示语的同级标题字体和字号相同，每一类型之间以空行分开。三种类型的格式相同，都分为比赛日和非比赛日，具体售票时间也用缩略语表示。

在这里，比赛日售票时间的表达方式需要引起我们的注意。“截至比赛开始后半小时”的英文表达方法为 1 / 2 HR AFTER EVENT START，小时 hour 用缩略语 HR 表示。“在比赛开始之后”（AFTER EVENT START），这个说法看似不合语法，因为如果 start 是名词，那么应该表示为 AFTER THE START OF THE EVENT；如果 start 是动词，那么应该说 AFTER THE EVENT STARTS。这则公示语除了有示意的作用，同时还兼顾美感。如果用前文所述符合语法的两种方法改写，都会因为字数多而只能换行，不但破坏了原有的平衡感，而且可能还要改变整块公示语标示牌的大小。由此可见在不影响理解的基础上，公示语因为需要可以采用缩略形式，对语法的要求也可以略做变通。

下面这个例子非常简单，却具有普遍性，几乎适合任何一个影院剧院或者比赛场馆：

Center Theatre Group

Box of !

Tuesday thru Saturday：Noon—8p.m.

Sunday：11 a.m.—7 p.m.

Closed Mondays

中心剧院

售票处

周二至周六：中午 12 点 — 晚 8 点

周日：上午 11 点 — 晚 7 点

周一休息

上述时间公示语与前文所选公示语略有不同。中心剧院周二至周六售票时间完全相同，因此用了 through 这个词表示“至”的含义，缩写为 thru，而前文中表示“至”这个含义时多用 to。无论从语法还是使用的频率上看，thru 和 to 都没有区别，可以通用。

在售票处，通常除了售票时间之外，还想看到一些演出介绍等内容，下面一条柯达剧场歌罗曼中国戏院的电影简介包含了电影名称、评级、时长、主要演员等，这些都是观众在买票之前希望了解到的重要信息。

MOVIE SYNOPSIS

GRAUMANS CHINESE THEATRE

HELL BOY Ⅱ —THE GOLDEN ARMY

RATED：PG—13

RUNNING TIME：2:15

STARRING：Ron Perlman，Selma Blair，Doug Jones，Luke Gross，David Hyde Pierce

电影简介

演出地点：歌罗曼中国戏院

电影名称：地狱男爵（2）—— 黄金军团

电影评级：特别辅导级，13 岁以下儿童要有父母陪同观看，一些内容对儿童很不适宜

电影时长：2 小时 15 分

主要演员：罗恩·帕尔曼、塞尔玛·布莱尔、道格·琼斯、卢克－格劳斯、大卫·海德·皮尔斯

影剧院的售票处介绍演出时长的公示语其实非常简单，而且要与其他信息放在一起才能表述完整的意思，这也反映了时间公示语的辅助作用。因为是电影的演出时间，所以英文用了 running time 表示电影的放映时间。时间长度为几小时

几分钟，英文并不需要用 hours 和 minutes，而是直接用数字和标点符号表示。小时和分钟之间用冒号分隔，可以说和中文的时间长度表示方法没有差别。

三、博物馆参观时间表

有人说，博物馆是一个城市的眼睛，从中能体现出这个城市的灵魂样貌。的确，博物馆反映了一个城市的文化和灵魂，体现了整座城市或者说整个国家的历史缩影。所以要想融入一个城市或者一个国家，最直接或者说最重要的方式就是游览这个国家或这座城市的博物馆。

博物馆和剧院都有固定的参观时间，公示于入口或售票处等醒目的位置。参观时间表的内容包含开放时间、休息日、导游讲解开始时间等。

简单的参观时间说明：

Visitor information Services

is located in Memorial Auditorium on Serra Street.as denoted by the yellow star on the Visitor Maps

Hours of Operation

M-F 8 a.m.—5 p.m.

Sat / Sun 9 a.m.—5 p.m.

参观者咨询服务台位于萨拉大街纪念堂讲堂内，如参观地图上黄色星号所示

工作时间：

周一至周五：上午八点至下午五点

周六、周日：上午九点至下午五点

周一至周五被简化到只剩下这两个单词的第一个字母。虽然如此，懂英语的参观者仍然可以看得明白，这是因为在时间公示语的特定语境之下，缩略语的使用非常普遍，人们早已熟悉了这些表示一周内每一天名称的缩略语，所以即便是缩写到只有一个字母也不会混淆。

四、停车场时间公示语

停车场的时间公示语通常非常简单，主要的功能是指示营业时间、限制停车时间以及警示超时罚款等。这样的公示语通常由三部分组成，一是说明是否可以停车，其次标明允许停车的时间，最后警告如果不遵守以上要求将受到何种处罚。

NO PARKING

2 A.M.TO 6 A.M.

TUES AND THUR

STRFFT CLEANING

周二、周四凌晨 2 时至 6 时

禁止停车

以上时段为清扫街道时间

以上这个时间公示语，传递的信息简单清晰，非常醒目。因为只有周二和周四这两天凌晨 2 时至 6 时不能停车，所以在周二和周四之间用“AND”连接，避免引起误读。这则公示语的最后一行说明为何此时段不能在此地停车，非常人性化，也起到提前告知的作用。

以下三条警示性的包含时间的公示语都引用法律条文，且措辞严厉，比较适合在正式场合使用。在表示停车时间的限定方面，三则公示语分别用了三种不同的方式表示基本相同的含义，即停车时间不能超过规定时间，否则将会受到相应的处罚。

（1）公示语标牌由洛杉矶警局好莱坞警局制作，语气非常严肃。在整块公示语牌上“停车不能超过 72 小时”这个重要的时间信息被放在中间部位，字体很大。其他内容包括三部分：不能超时停车的原因（公共场地）、超时停车的后果（抄牌并拖走）、处罚的法律依据及警局电话。

PROPERTY OF CITY OF LOS ANGELES

NO PARKING IN EXCESS OF 72 HOURS

VEHICLES IN VIOLATION WILL BE CITED

AND TOWED AT OWNER'S EXPENSE

FOR TOWED VEHICLES CALL

L A.P.D HOLLYWOOD DIVISION（866）869-2929

SEC.80.71.4 L A.M.C. 22658 C.V.C.

洛杉矶城市财产

停车不能超过 72 小时

违规车辆将被抄牌并被拖走，拖车费用由车主支付

欲寻拖走车辆，请致电：

洛杉矶警察局好莱坞警局（866）869-2929

处罚条款：SEC.80.71.4 L.A.M.C.22658 C.V.C.

（2）同上面公示语内容大致一样，但内容简单一些。

BUS PICK.UP

&DROP-OFF

AREA

15 ~ MN.ONLY

ALL VIOLATORS WILL BE CITED

C.V.C 2.2658

汽车上下客区域

限时 15 分钟

所有违反者将根据加利福尼亚车辆法

第 2.2658 款被抄牌

（3）公示语的时间有两种，一是停车限时两小时，另一个是周一至周五上午六点到下午四点可以停车。其中“停车限时两小时”在公示语标牌的上下两部分各被强调了一次，并且在公示语标牌的上半部分中还用了深色背景，字体非常之大，一下子就抓住了司机的视线。

TOW AWAY ZONE

2 HOUR

IUNIVERSITY VEHICLE&SERVICE VEHICLEPE

RMIT PARKING

6A.M. TO 4P.M. MON—FRI

AREA 1

One visit per day

2-hour maximum

禁止停车区违例拖走

持大学和服务证车辆可以在此停车 2 小时

周一至周五上午 6 点 — 下午 4 点

一区

一天限一次停车

最长 2 小时

比较上面三则公示语，可以发现同样是限时停车，可以有不同的表达方法，比 如 no parking in excess of 72 hours，only 15 minutes、2-hour maximum 等。三种方法没有孰优孰劣的区别，只是在不同的场合使用，no parking in excess of 72 hours 较为正式，only 15 minutes 则简单得多。

时间公示语因时间的重要性而具有重要的意义，尤其是表述公共设施开放关闭时间的公示语，关乎民生，更需表意清晰。这类公示语以一周七天或者一天 24 小时为周期，可用缩略语标明开放和关闭时间，如果某一天或者某一时刻又或者某一地点有例外情况，务必单独列出。

娱乐场馆、比赛设施和博物馆在人们休闲生活中的地位日渐重要，时间公示语在这些地方主要起说明票房售票时间、博物馆开放时间、馆内文物或艺术品收藏时间、艺术家或藏品年代介绍等作用。英文时间公示语的表述大都与中文的习惯相差无几，但是个人生平年表采取倒叙形式，与我们的描述习惯不同。

在限制和警示类公示语中，时间公示语多出现在禁停或限停的标志牌上。比较正式的禁止停车或停车限时公示语标牌上，通常要包括禁停或限时原因、禁停日期时间或限制停车时间、违反规定所受处罚以及法律依据等。

时间公示语的基本功能是示意，与其他公示语组合还可以起指示、提示、限制或警示的作用，因为它本身就是人们所需要注意的信息，所以不必用花哨的字体或者鲜艳的颜色来引人注意，反而字体、字号和排版的变化应该是编写时间公示语时应该花费心思的地方。

第五节　警示性公示语翻译

警示性公示语作为公示语中的一大重要组成部分，是对公众进行的重要提醒和严肃要求，以文字的形式或者图形和标识与文字相结合的方式来进行体现，为防止别人误解或者带来任何的不便。如果有违反法规行为发生，或是有危及生命、损害公物、破坏交通等影响社会的恶劣事件发生，为了引起公众的注意，相当多的警示语中会出现 notice、beware、danger、caution 和 warning 之类的警示词语，某些时候还会和醒目的警示性图标、感叹号等重点符号一起出现来警示公众。在功能上，警示性的公示语可以分为针对公共健康的、针对公共安全的、针对交通规则的等警示语，当然还有面向社会生活的警示语。

一、公共健康警示语

在公民健康由于无知或疏忽而有可能受到损害时，及时且明确的提醒无疑能够很好地保护公民的人身健康，免受伤害。这两条警示性公示语言简意赅，对读者进行安全提示，并且用 required 一词做出明确要求，带有强制性。

CAUTION
HEARING
PROTECTION
REQUIRED
DANGER
FACE SHIELD.APRON
AND RUBBER GLOVES
REQUIRED WHEN HANDLING
BATTERIES OR ADDING WATER
警示
必须戴听力保护装具
危险
处理电池和加水时需戴面罩、
穿防护围裙、戴橡胶手套

下面的公示牌警示公众设施中的化学物质可能带来的严重后果开诚布公，也是例行公事。

WARNING
DRINKING
ALCOHOLIC BEVERAGES
DURING PREGNANCY
CAN CAUSE
BIRTH DEFECTS
警告
怀孕期间饮用含酒精的饮料
会导致婴儿生理缺陷

此处的警示直截了当地告诉人们怀孕期间饮酒的巨大危害。全文都用粗体大号字，看上去很醒目。公共场所的这种劝导性的警示语体现了美国社会对可能导致的严重后果的行为的关切与控制。

二、公共安全警示语

美国圣迭戈科罗拉多岛上的科罗拉多酒店也是著名景点。这个酒店在 1888 年建立，早期爱迪生在这片地区全面安装设计了电灯，因此酒店得以出名。该酒店古朴奢华，很多商界精英和社会名流曾在此下榻。上面是该酒店游泳池旁的一则告示，前半部分用了重复的三个 NO 来进行警告，充分考虑到为了游泳者个人和其他人的方便而应该注意的各方面的安全要求，后半部分对进入泳池的人员进行了限定和说明，如下面的例子。

WARNING
NO LIFEGUARDS ON DUTY
NO GLASS CONTAINERS OR COOLERS
NO DIVING AND RUNNING
CHILDREN UNDER 14 MUST BE
ACCOMPANIED BY AN ADULT
POOL IS RESTRICIED TO GUESTS
AND MEMBERS ONLY
警告
此处无救生员服务；禁止携带玻璃容器或冰箱；禁止跳水或奔跑嬉戏。
14 岁以下儿童必须由成年人陪同；游泳池限会员和酒店客人使用。

下面是美国酒店卫生间里关于电吹风机使用的安全警示，粘在吹风机的电线上，使用者一眼就可以看得到。该警示内容比较详尽，粗体字 keep away from water

是最重要的要求，原因 danger 同样是用粗体字，用以引起读者的注意。接下来指出可能导致的事故、具体的原因，以及为了避免事故而需要遵守的五条具体注意事项。警示内容准确周到，措辞得体。下面是该警示标签的背面，如下面的例子。

KEEP AWAY FROM WATER DANGER

AS WITH MOST ELECTRICAL APPLIANCES，ELECTRICAL PARTS IN THIS DRYER AREELECTRICALLY LIVE EVEN WHEN SWITCHIS OFF.

TO REDUCE RISK OF DEATH BY ELECTRIC SHOCK：

（1）ALWAYS “UNPLUG IT” AFTER USE.

（2）DO NOT PLACE OR STORE WHEREDRYER CAN FALL OR BE PULLEDINTO TUB，TOILET， OR SINK.

（3）DO NOT USE WHILE BATHING.

（4）DO NOT USE NEAR OR PLACE IN WATER.

（5）IF DRYER FALLS INTO WATER，UNPLUG IMMEDIATELY. DO NOT REACH INTO WATER.

远离水源危险

该电吹风像大多数电器一样，即使关闭电源，其零件也带电。为了减少触电死亡的危险：

（1）用毕务必拔掉电源。

（2）不要把电吹风放在容易掉进浴缸、厕所或水池的地方。

（3）不要在洗澡时使用。

（4）不要在水中使用或放置。

（5）如果电吹风掉进水里，要立即拔掉电源。不要伸手到水中去捞。

三、交通规则警示语

良好有序的交通是一个城市文明的标志之一，也是市民正常生活的前提和保障，只有人人按照公共交通规章行事，才会予人方便，自己最终也方便。交通规则警示语涉及多个方面，既有针对驾车者的，也有针对行人的，还有针对某些特定的交通工具的，交通规则警示语是社会生活正常运行的必要条件，如下面的例子。

SKATEBOARD
AND
BICYCLE
RIDING
PROHIBITED
ON SIDEWALK
SEC 96 & 100 TRAFFIC CODE

NO PARKING
2 A.M. TO 6 A.M.
TUES AND THUR
STREET CLEANING
禁止在边道上玩滑板或骑车
加州交通法第 96 条和 100 条
周二、周四凌晨 2 时至 6 时禁止停车
以上时段为清扫街道时间

下面是一条语气强硬的针对驾驶者的警示性公示语，用了 must 一词，突出为了维护交通安全，遵守此规定的绝对必要性和重要性，不容商量。这样处理能够最大限度引起读者的警觉，如下面的例子。

RIGHT LANE
MUST
TURN RIGHT
右转车道必须右转

下面同样是一条口气很强硬的交通警示语，要求驾驶者系上安全带，还不失时机地提醒：这是法律！法律的规定具有绝对的权威，对任何人都具有约束力，如下面的例子。

STOP
BUCKLE
UP
IT'S THE LAW
停车
法律规定
必须系安全带

四、社会生活警示语

美国赌城拉斯维加斯赌场内的一则警示语。国有国法，州有州规，尽管赌博业是内华达州的支柱产业，但是对于不满 21 周岁进入赌场和参与赌博，该州还是明令禁止，如下面的例子。

NEVADA LAW PROHIBITS
CASINO PLAY OR LOITERING
IN THE CASINO AREA
BY ANY PERSON
UNDER 21

NRS.463.350
内华达州法严禁 21 岁以下
人员参赌或在赌场逗留
内华达州修订法第 463 条 350 款

垃圾污水排放是社会生活中的常见问题，在美国也不例外。为了一己方便不顾公共利益的也总是大有人在。为了防止排水沟里被人倒垃圾，相关管理部门也只能出此“下策”了，如下面的例子。

NO DUMPING
ONLY RAIN DOWN THE DRAIN
REPORT POLLUTION 695-2020
请勿倾倒垃圾
排水沟只限排雨水
举报污染请致电 695-2020

美国警示性公示语的使用在质与量的方面都要高于其他任何国家。原因主要在于美国社会的发达、法规的制约和对生命的重视。在美国，警示性公示语出现在生活的方方面面，语言简洁明了，有的放矢，涉及的法律法规条款指示清楚。从语言的使用来讲，根据不同的警示内容和不同的语境情况，警示语的语气也有所差别，有的措辞严厉、绝对禁止，有的则语气和缓，以劝导为主。但无论语气强硬或缓和，目的都是起到维护社会正常秩序、警告广大公民免受损害、规范个人行为、提示遵守社会公德、提醒注意有关事宜以避免造成不必要的损失或陷入不必要的困境等作用。

第六节　危机管理中的公示语翻译

在全球化不断推进的过程中，国际交流越发频繁，人们在公共场所活动的时间越来越多，那么在公共场所发生危险的可能性也就越来越大。在公示语中的危机管理公示语是设置在公共场合，对可能发生的潜在危险进行提示，指示遇到危险时具体公共设施的使用方法和疏散路线等信息的相对固定的文字和图形。

所谓“危机”，顾名思义，是指公共场所有可能发生的危险；那么“管理”是指在未发生危害前进行提示、警告或说明。危机管理公示语大致可以分为紧急情况下具体公共设施使用说明、紧急疏散路径、出口、注意、危险和规章警告提示、求救电话及警铃和禁止公示语的合用等。

一、公示语在危机管理中的应用

危机管理公示语包括危机前、危机中，以及危机后管理信息的提供和标志。

搭乘民航飞机，起飞前第一件要务就是阅读飞行安全手册，观看乘务员演示如何使用各种安全设施，或收看如何使用安全设施的演示录像。未雨绸缪，进行危机管理教育，熟悉危机管理预案是有效处置各类可能发生的危机事件的最有效措施。

在美国，政府及有关部门将“危机”严重程度划分为不同等级。最早的是四级分类的“警戒级别”，主要用于自然灾害预警与管理：

警戒级别 emergency levels

一级／红色／最高 （Ⅰ）highest

二级／橙色 （Ⅱ）ultra high

三级／黄色 （Ⅲ）very high

四级／蓝色／正常 （Ⅳ）normal

二、具体公共设施使用说明——紧急情况下

很多危机管理的公示语指示使用者在发生危险的情况下如何操作某些公共设施以便避免危害的产生。

英语 emergency 告诉我们这是紧急情况，turn handle to left / right 和 push to open 告诉我们在危险发生时我们应该左侧向左，右侧向右旋转门把手并向外推开门来避免危害，或逃离危害现场。

有些公示语虽然没有英语 emergency 这个单词，同样也提示我们在危险发生时应如何避免危害。

可以从公示语中看到它的指示非常具体、准确。包括在文字“向下拉动”下方还标示了下箭头，在最下方也标示了盖子打开的位置。这样我们在火情发生时就能准确无误地拉响警铃，提示其他人撤离危险区域。

在公共场所还能看到另外一种具体危机处理器械标示的公示语。这则公示语就是心脏病紧急救治器械指示标示，它虽然没有直接表示危害内容，但是心脏病发生多是公共场所突发事件，所以可以把它认作防止危害发生的公示语。

有些公示语的功能特点从蓝色和绿色背景色彩使用上来看并没有显得那么紧迫，所以，语言措辞首先警告危险的具体类别，然后指示一旦发生危险应如何避免灾难侵害。

三、紧急撤离图示、路线及出口的标示

在危险情况发生时，公共场所往往会聚集着大量人员。有效地使他们避免危害的措施之一就是把人员撤离危害发生现场。因此，标示发生紧急情况时撤离和疏散的图示、路线，以及出口的公示语就十分重要。

四、注意、警告以及规章提示

注意、警告以及规章提示公示语是见到最多的一个类型。它的功能主要是提示可能发生的某种潜在危害，引起人们的注意，或是警告某些不符合规章或规定的行为可能造成的危害后果。

在这类危险警告中，还有一些是具体说明了使用某些设施的注意事项，以免危害事件的发生。如下面这则公示语。

CAUTION

A. ELDERLY PERSONS，PREGNANT WOMEN，INFANTS AND THOSE WITH HEALTH CONDITIONS REQUIRING MEDICAL CARE SHOULD CONSULT WITH A PHYSICIAN BEFORE ENTERING ASPA.

B. UNSUPERVISED USE BY CHILDREN UNDER THE AGE OF 14 IS PROHIBITED.

C. HOT WATER IMMERSION WHILE UNDER THE INFLUENCE OF ALCOHOL，NARCOTICS，DRUGS OR MEDICINES MAY LEAD TO SERIOUS CONSEQUENCES AND IS NOT RECOMMENDED.

D. LONG EXPOSURE MAY RESULTIN NAUSEA DIZZINESS OR FAINTING.

E. DO NOT USE ALONE. NO DIVING.

译文如下：

警告

A. 老年人、孕妇、婴儿或有健康问题的人在进入温泉前需咨询医生。

B. 无人监护的 14 岁以下儿童禁止入内。

C. 建议酒后、服用麻醉剂、毒品及药物后不进行热水浸泡，这可能导致严重的后果。

D. 长时间浸泡可能引起恶心和眩晕。

E. 禁止独自泡温泉。禁止潜水。

ARTIFICIAL RESPIPATION

A. CHECK BREATHING AND CLEAR AIRWAYS. TILT HEAD BACKWARD，PUSH JAW UPWARD.

IMMEDIATELY START MOUTH TO MOUTH.

B. PINCH VICTIM’S NOSTRILS SHUT， OPEN YOUR MOUTH WIDE，PLACE OVER VICTIM’S MOUTH AND BLOW REPEAT 2 FULL BREATHS FOR 1-1/2 TO 2 SECONDS EACH.

C. REMOVE YOUR MOUTH FROM VICTIM’S. LOOK，LISTEN AND FEEL FOR BREATHING AND PULSE. CHECK AIRWAYS，CONTINUE MOUTH TO

MOUTH IF NECESSARY.

D. HAVE SOMEONE CALL THE PARAMEDICS. KEEP VICTIM WARM, CONTINUE TO CHECK PULSE AND BREATHING UNTIL MEDICAL AID ARRIVES.

EMERGENCY DIAL 911

MEDICAL POLICE FIRE

译文如下：

人工呼吸急救

A. 检查并清理呼吸道。将溺水者头部后仰，下巴向上。立即开始口对口人工呼吸。

B. 捏住溺水者鼻孔，先张大口／对溺水者的口腔吹气，重复吹气，每次持续 1.5~2 秒。

C. 将口离开溺水者的面庞，倾听、感觉有无回气声和脉搏。要一直进行检查，如果必要，继续进行口对口人工呼吸。

D. 叫人去找医务人员，保持溺水者的身体温度，在医务人员到来前，继续检查脉搏和呼吸。

紧急情况拨打 911

医疗警察和消防

POOL HOURS SPA HOURS RULES

A. ALL PERSONS USING POOL OR SPA DO SO AT OWN RISK. WE ARE NOT RESPONSIBLE FOR ACCIDENTS OR INJURIES.

B. POOL OR SPA IS FOR PRIVATE USE ONLY. OTHERS WITH MANAGEMENTPERMISSION. NO GLASS FOOD ANIMALS RUNNING OR ROUGH PLAY.

C. POOL USE PROHIBITED AVFER HOURS. SHOWER BEFORE ENTERING POOLMANAGEMENT RESERVES THE RIGHT TO DENY USE TO ANYONE AT ANY TIME.

D. USE POOL AT OWN RISH WHEN LIFEGUARD IS NOT ON DUTY. DIVING IS ALLOWED ONLY IN DESIGNATED AREAS. PEOPLE WITH LONG HAIR MUST WEAR CAPS.

E. DO NOT USE POOL WHILE UNDER THE INFLUENCE OF ALCOHOL OR DRUGS. UNNECESSARY NOISE IS NOT PERMITTED AT ANY TIME

F. LONG EXPOSURE IN ANY SPA MAY RESULT IN NAUSEA DIZZINESS OR FAINTING.（MAX. SPA. TEMP 104）

温泉开放时间

使用者须知

A. 使用泳池和温泉者风险自担，我们对意外事件和受伤不承担责任。

B. 泳池和温泉限私人使用或经过管理人员的允许。不准带入玻璃器皿、食物、宠物，严禁打逗。

C. 规定时间外禁止使用。在进入泳池前要淋浴。管理人员保留在任何时间制止任何人使用游泳池的权力。

D. 无救生员值班时，使用泳池责任自负。在规定的地方可以跳水，长头发的人需戴泳帽。

E. 酒后或服药后禁止游泳。任何时间不许大声喧哗。

F. 长时间浸泡温泉可能导致恶心、眩晕或昏厥（温泉最高温度为华氏 104 度）。

这则公示语在规定了适宜使用的人群后，提醒了人们游泳的相关规定，并在后面详细介绍了发生溺水时人工呼吸的方法以及如果违反规定造成危害责任自负的警示。这样详细的提醒和警告：一方面可以防患于未然；另一方面，也提供了危险发生后的处理方法。

五、求救电话及警铃

危险发生时人们经常会求救，那么求救电话或者是心理救援电话甚至警铃就是帮助人们化解危机的重要途径。这类公示语有时是直接把电话号码写上，有时是通过警铃方式来发出警告。

人们只要按动警铃或呼叫器就可以接通心理热线咨询，就有可能避免危害的产生。还有一些就像前面介绍的火警警铃一样，它没有使用说明，但是有火警警铃按钮，按动警铃便可以达到警示的作用，提醒其他人规避危险。

六、与禁止性公示语合用

危机管理公示语主要是提示、警告危险的发生，以及提供处理紧急事件方式的一种公示语形式。作为潜在危险提示时，这类公示语经常和禁止性公示语结合使用，以便更有效地达到避免灾难、伤害发生的目的。

七、危机发生时管理公示语

北京时间 2010 年 1 月 13 日，NBA 常规赛继续进行，在灰熊的主场比赛中，灰熊队迎战快船队。当这两队的比赛进行到第三个环节，还剩下 47.8 秒，快船以 89 比 77 的比分超过灰熊时，联邦快递球馆突然响起紧急火警报警，赛场的大屏幕也发出了让所有人员赶紧撤离球场的指示。

当时据美国媒体最新报道，消息称起火的原因系联邦快递球馆内的主水管发生了爆裂，随后触发了火警警报，但是并不在球场附近，在比赛中断 36 分钟之后，球员们重新回到场上进行热身，观众们也准备陆续回场。

危机发生之时，危机管理者会启动危机管理预案，有条不紊地利用恰当的信息传播手段传播恰当的信息。危机发生时的管理信息发布密度和频度都要高于通常条件下的信息交流。发生在联邦快递球馆的这次危机处理就使用了大屏幕和广播公告两种方式。内容简单明确，告诉现场观众发生了什么——An emergency has been reported，如何去做——Leave the building by the nearest exit.，注意什么——Do not use the elevators. 实际这些信息都是防灾手册或预案中反复出现的信息，只不过在关键时提示公众稳定情绪，掌握信息发布主动的重要策略。这个大屏幕公示语信息似乎还略显啰唆。

在另一个危机处理现场，May I have your attention please 就为 Attention please 取代，同样有礼貌，但更有助于公众通过语言文字感受事件的紧迫性、危机感。当然，必要的提示 Do not use the elevators. 绝不可省略，因为在紧急疏散时电梯发生故障的概率是极高的，此时使用电梯就意味着大大增加人员牺牲的概率。

参考文献

[1] 何爱香 . 外宣公示语翻译的现状与对策 [J]. 福建教育学院学报，2018（1）.

[2] 刘欣 . 浅谈旅游公示语翻译原则及策略 [J]. 才智，2018（4）.

[3] 陈振龙 . 公示语汉英翻译不可译性的意象分析 [J]. 沈阳建筑大学学报 (社会科学版)，2018（1）.

[4] 张琼，朱奕衡 . 旅游景区公示语翻译中的问题研究 [J]. 海外英语，2018（8）.

[5] 喻旭东，蔡佳立 . 公示语翻译研究回顾与展望 —— 基于三大翻译核心期刊的统计 [J]. 湘南学院学报，2018（1）.

[6] 彭萍 . 实用旅游英语翻译：英汉双向 [M]. 北京：对外经济贸易大学出版社，2016.

[7] 杨贤玉，乔传代，杨荣广 . 旅游英汉比较与翻译 [M]. 武汉：武汉大学出版社，2014.

[8] 彭洁 . 谈旅游从业者应具备的基本素质和从业要求 [J]. 旅游纵览 (下半月)，2016(4).

[9] 李朝军，郑焱 . 旅游学科视角下的旅游文化概念研究 [J]. 中南林业科技大学学报 (社会科学版)，2013(5).

[10] 邹建玲 . 旅游翻译研究 1998-2012 年综述 —— 基于人文类核心期刊语料分析 [J]. 中国科技翻译，2013(4).

[11] 邹建玲 . 委婉语的语用解读及翻译策略研究 [J]. 上海理工大学学报 (社会科学版)，2012(3).

[12] 张颖 . 旅游英语的特点及翻译方法探析 [J]. 农家参谋，2018(5).

[13] 潘支学 . 旅游英语翻译中的文化意识 [J]. 旅游纵览 (下半月)，2018(1).

[14] 杨贝艺 . 基于生态翻译学的旅游广告语翻译研究 [J]. 齐齐哈尔大学学报 (哲学社会科学版)，2017(5).

[15] 许钧 . 文化多样性与翻译的使命 [J]. 中国翻译，2005（1）.

[16] 廖素云，陶燕 . 翻译功能理论指导下的汉英旅游翻译 [J]. 江苏技术师范学院学报（职教通讯），2008（6）.

[17] 陈代球 . 汉语旅游文本中文化负载的翻译：功能翻译观 [J]. 怀化学院学报，2007（5）.

[18] 林庆扬 . 我国公示语翻译研究述评 [J]. 莆田学院学报，2007（6）.

[19] 覃晓霞 . 从旅游翻译看 " 翻译标准多元互补论 "[J]. 武汉科技大学学报（社会科学版），2006（4）.

[20] 李蕾蕾 . 跨文化传播及其对旅游目的地地方文化认同的影响 [J]. 深圳大学学报（人文社会科学版），2000（2）.

[21] 杨仕章 . 文化翻译观：翻译诸悖论之统一 [J]. 外语学刊，2000（4）.

[22] 郑青，邵春美 . 论译者跨文化意识在旅游翻译中的作用 —— 以湖北省旅游景点的翻译为例 [J]. 佳木斯职业学院学报，2015（4）.

[23] 陈刚 . 旅游翻译与涉外导游 [M]. 北京：中国对外翻译出版公司，2004.

[24] 马会娟 . 奈达翻译理论研究 [M]. 北京：外语教学与研究出版社，2009.
[25] 霍光利，王秉金 . 旅游文字汉译英 [J]. 上海科技翻译，2002（3）.
[26] 张国洪 . 中国文化旅游 [M]. 天津：南开大学出版社，2001.
[27] 朱益平 . 论旅游翻译中文化差异的处理 [J]. 西北大学学报（哲学社会科学版），2005（3）.
[28] 陆相如 . 论汉英旅游翻译的特点及翻译技巧 [J]. 重庆三峡学院学报，2014（1）.
[29] 闫凤霞，王丽萍 . 近十年我国旅游文本翻译述评 [J]. 云南农业大学学报（社会科学版），2013（3）.
[30] 黄敏 . 功能翻译理论视角下的旅游文本翻译 [J]. 西南农业大学学报（社会科学版），2013（4）.
[31] 孙秀芬，王欢，王海东 . 论跨文化视域下的旅游文本翻译 [J]. 作家，2010（22）.
[32] 吕和发，蒋璐，等 . 公示语翻译 [M]. 北京：外文出版社，2011.
[33] 吕和发，蒋璐，等 . 公示语翻译教程（学生用书）[M]. 北京：清华大学出版社，2013.
[34] 叶依群 . 公示语翻译研究综述 [J]. 浙江科技学院学报，2012（2）.
[35] 万永坤 . 公示语汉英翻译探究 [M]. 昆明：云南大学出版社，2015.
[36] 黄德先，杜小军 . 公示语翻译的规范 [J]. 术语标准化与信息技术，2007（4）.
[37] 李志凌 . 公示语的语体特点和翻译 [J]. 科技英语学习，2007(6).
[38] 明达 . 公示语翻译研究综述 [J]. 边疆经济与文化，2010(2).
[39] 刘法公，徐蓓佳 . 公示语汉英翻译原则的探索 [J]. 外语与外语教学，2008(2).
[40] 刘美岩，胡毅 . 公示语英译错误分析及对策 [J]. 外语教学，2009(2).
[41] 龙江华 . 国内公示语汉英翻译研究述评 [J]. 语文学刊，2007(9).
[42] 杨丽波 . 国内公示语汉英翻译研究现状 [J]. 怀化学院学报，2007(4).
[43] 杨全红 . 也谈汉英公示语的翻译 [J]. 中国翻译，2005(6).
[44] 杨永和 . 我国新世纪公示语翻译研究综述 [J]. 外语教学，2009(5).
[45] 叶依群 . 公示语翻译研究综述 [J]. 浙江科技学院学报，2012(2).
[46] 高丙中 . 民俗文化与民俗生活 [M]. 北京：中国社会科学出版社，2010.
[47] 张艳秋 . 旅游英语翻译中的民俗文化解读 [J]. 大家，2012（2）.